PHILOSOPHY

IN MINUTES

철학

마커스 위크스 지음 | 공민희 옮김

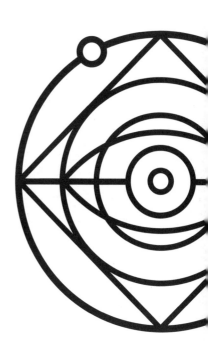

arte

/ 차례

서문 6

철학의 분과 8
형이상학 / 인식론 / 존재론 / 논리학 / 도덕철학과 윤리학 / 정치철학 / 미학 /
동양·서양 철학 / 철학 대 종교 / 철학과 과학

그리스철학 30
밀레토스의 탈레스 / 아낙시만드로스와 아낙시메네스 / 무한 후퇴 / 헤라클레이토스 /
피타고라스 / 크세노파네스 / 파르메니데스 / 제논의 역설 / 무더기 역설 / 네 원소 /
데모크리토스와 레우키포스 / 아테네 철학 / 소피스트와 상대주의 / 소크라테스와 변증술 /
소크라테스와 도덕철학의 기원 / 반성하지 않는 삶 / 행복 / 덕과 지식 / 정치철학의 시작 /
플라톤과 소크라테스식 대화 / 플라톤의 이데아론 / 플라톤의 동굴 / 도덕과 종교 /
플라톤 대 아리스토텔레스 / 과학적 관찰과 분류 / 아리스토텔레스 / 논리학과 삼단논법 /
네 가지 원인과 존재의 본질 / 공화국과 정치 / 윤리와 중용 / 미 / 예술 작품 평가하기 /
키니코스 학파 / 회의학파 / 에피쿠로스 학파 / 불멸의 영혼 / 스토아 학파

동양철학 106
도교 / 유교 / 황금률 / 윤회, 법, 업보, 해탈 / 불교

기독교와 철학 118
믿음과 이성의 조화 / 하느님의 존재 / 악의 문제 / 자유의지 대 결정론 / 철학의 위안 /
스콜라철학과 도그마 / 아벨라르와 보편 / 신의 존재 / 파스칼의 내기 / 토마스 아퀴나스 /
신의 존재 / 자연법 / 작위와 부작위 / 유명론 / 오컴의 면도날과 뷔리당의 당나귀 / 무지의 지 /
에라스뮈스와 인본주의 / 종교개혁

철학과 이슬람교 156
아비센나와 나는 인간 / 아베로에스 / 이슬람이 서양철학에 끼친 영향

르네상스, 이성, 혁명 164
르네상스 인본주의 / 마키아벨리와 정치적 현실주의 / 결과와 수단 / 도덕적 행운 /
베이컨과 과학적 방법 / 자연 상태 / 사회계약 / 볼테르와 백과전서파 / 장 자크 루소 / 자유 /
혁명 / 합리주의 / 데카르트 / 몸과 마음의 이원론 / 기계 속 유령 / 현혹하는 악마 /
자동 장치인 동물 / 타인의 마음과 의식 / 정체성 / 몸과 마음의 문제 / 스피노자: 실체와 속성 /
스피노자: 신과 자연 / 두 종류의 사실

경험주의 212

토머스 홉스 / 동물권 / 로크와 앎의 제약 / 존재하는 것은 곧 인지되는 것이다 /
흄과 인과관계 / 흄의 갈림길 / 귀납의 문제 / 상식 / 이성은 열정의 노예다 / 사실 대 당위 /
지식 / 실증주의 / 사회학적 실증주의 / 종의 기원 / 진화론, 천지 창조설, 지적 창조론 /
영국 자유주의 / 정치경제학 / 보수주의 / 벤담과 공리주의 / 자유론 / 자유의 두 개념 /
여성의 권리

독일 관념론 258

합리주의와 경험주의의 결합 / 현상과 물자체 / 정언명령 / 도덕은 현실이다 / 관념론과 자연 /
의지와 표상으로서의 세계 / 보편적 의지 / 현실은 역사적 과정이다 / 헤겔의 변증법 /
소외와 시대정신 / 유물론과 무신론 / 변증법적 유물론 / 자본론 / 사회주의와 공산주의 /
민중의 아편 / 니체 / 인간과 초인

실존주의 294

실존에 대한 불안 / 후설의 현상학 / 하이데거 / 자아 인식 / 철학과 문학 /
영속적인 흐름으로서의 현실 / 존재와 무 / 유의미성에 관한 터무니없는 요구 / 제2의 성 /
언어와 기호학 / 구조주의 / 해체

미국의 철학 320

초월주의 / 실용주의 / 사실과 유용성 / 철학 대 심리학 / 마음의 과학 / 실천에 의한 학습 /
신실용주의

현대 논리학 336

수학과 논리학 / 논리학 대 인식론 / 수학 원리 / 분석철학 / 진리와 논리학 / 논리-철학 논고 /
논리실증주의 / 도구로서의 언어 / 언어학 / 보편문법 / 인공지능

20세기 철학과 과학 360

형이상학적 질문에 대한 과학적 대답 / 새로운 철학적 질문 / 반증 가능성 / 패러다임의 변화 /
방법에 반대하다

20세기 정치철학 372

프랑크푸르트 학파 / 비판 이론 / 실용주의와 민주주의 / 공정으로서의 정의 /
소유권으로서의 정의 / 정치권력 분석 / 좌파의 실패 / 환경 결정론 / 인종과 철학 /
시민 불복종 / 성과 철학

응용 철학 396

정치학, 경제학, 그리고 기업 윤리 / 과학과 의학 윤리 / 철학과 교육 / 과학 대 종교 /
철학의 미래

주요 용어 408 / 찾아보기 411

서문

'철학'이라는 말은 서양철학의 다른 많은 부분과
마찬가지로 그리스에서 기원한다. 원어 필로소피아 $\varphi\iota\lambda o o o\varphi\iota a$ 는
'지혜에 대한 사랑'으로 주제를 멋들어지게 묘사하지만
실제로 철학이 무엇인지는 구체적으로 알려 주지 않는다.
'철학자들이 하는 일'로 철학이 무엇인지 파악하는 편이
가장 좋을 것이라 생각한다. 철학자들은 인간의 능력을
활용해 우주와 우리 주변에 대한 근본적인 물음에 이성적인
해답을 추구하는 사람들로 이는 연구라기보다는 활동에
가깝다. 그 범위는 상당히 포괄적이지만 우리 주변 세상을
파악하는 여러 다른 방법과 철학을 구분 짓는 유용한
방식이라고 생각한다. 철학의 중심은 사고다. 사물이 왜
그렇게 생겼는지, 어떻게 인생을 가장 잘 살아갈 수 있는
지, 안다는 것을 어떻게 확신할 수 있으며 앎이란 무엇인지,
실존이란 무엇인지 사고하는 것이다. 종교와 과학도 같은
질문을 추구하나 종교는 신념이나 믿음을 토대로 하고
철학은 이성을 활용한다. 과학이 정의를 내린다면 철학은
설명을 하는 쪽에 가깝다.

학문적인 주제로서 철학은 위대한 사상가들의 주장을 살피며, 그 내용이 이 책의 주를 이루겠지만 일상적으로 모두가 추구하는 부분도 들어 있다. 우리 모두는 위대한 사상가들이 궁금해 했던 것과 같은 질문을 스스로에게 던지거나 친구들과의 술자리 혹은 저녁식사 자리에서 토론한다. 종종 서로 다른 의견을 보이며 명확한 답변을 얻지 못하는데, 철학자들도 마찬가지로 다양한 의견을 제안하고 해답보다 질문을 더 많이 제시하는 경우도 있다. 그럼에도 역사 속 철학자들은 우리가 이런 질문을 다양한 방식으로 살필 수 있도록 해 주며, 우리는 그들의 사고 과정을 이해하는 과정에서 생각을 정리하고 논쟁을 하는 법을 배울 수 있다.

— 마커스 위크스

철학의 분과

우리가 알고 있는 최초의 철학자들은 기원전 6세기 고대 그리스에서 출현했다. 문명이 자리 잡고 한층 성숙해지면서 사상가들은 우주와 사회의 작용 원리에 대해 본격적으로 탐구하기 시작했으며 관습이나 종교가 아닌 이성적인 사고를 바탕으로 해답을 얻고자 했다. 그들이 가장 먼저 추구한 물음은 '세상은 무엇으로 이루어져 있는가?'였고 이를 연구하는 철학의 한 분과가 오늘날 우리가 말하는 형이상학이다. 이 물음에서 시작해 철학자들은 또한 우리가 알고 있는 진리는 어떻게 얻어지는지(인식론의 한 분야)와 인간 존재의 본성(존재론)에 대한 의구심을 품었다. 천천히 이들은 자신들의 주장, 논리, 사고방식을 평가하는 체계적인 방법을 발달시켜 근본적인 사상을 도출했다. 이것이 정의, 덕, 행복과 같은 개념을 다루는 도덕 혹은 윤리 철학의 분야로 나아갔으며 많은 철학자들로 하여금 우리가 살고 싶어 하는 사회가 어떤 모습인지 탐구하도록(정치철학의 출현) 만들었다.

라파엘로의 유명한 프레스코화인 〈아테네 학당〉은 정통 철학사에 등장한
주요 인물들을 잘 보여 준다.

형이상학

최초의 철학자들이 추구했던 물음은 '세상은 무엇으로 이루어져 있는가?'였다. 이러한 가장 근본적인 물음을 추구하는 철학 분과가 바로 형이상학이다. 고대 그리스 철학자들은 요소, 원자 등 다양한 이론을 제시했고 이것이 근대 과학의 토대를 형성해 근본적인 질문의 근거를 뒷받침해 주었다.

그러면서 형이상학은 과학의 범주를 넘어서는 질의 분야로 발전해 나갔다. 우주를 구성하는 물질을 비롯해 존재의 본질을 탐구했다. 여기에는 물질의 성분, 육체와 정신의 차이, 원인과 결과, 존재의 본성, 실존과 현실(존재론으로 알려진 형이상학의 한 분과) 등이 속한다. 일부 철학자들은 과학적인 발견을 토대로 형이상학적인 타당성을 입증하는 데 어려움을 겪었지만 양자역학과 같이 근래에 발달한 학문을 통해 형이상학 이론에 대한 흥미를 이어 갈 수 있게 되었다.

/ Metaphysics

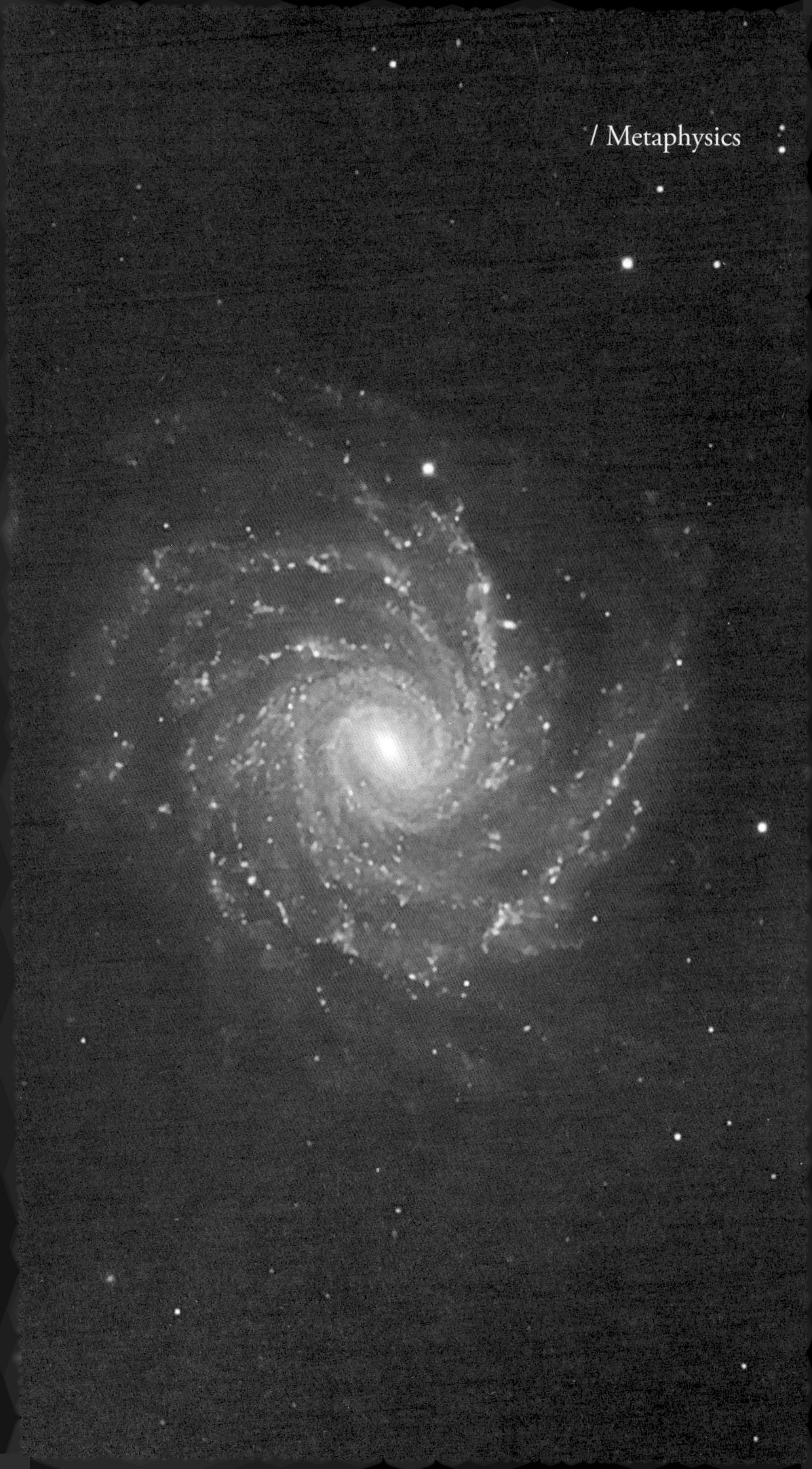

인식론

    고대 그리스 철학자들은 이내 자신들이 해답을
찾고자 하는 모든 질문에 내재한 문제가 있다는 사실을
알아차렸는데 이를 가장 잘 요약한 질문은 바로 '그것을
어떻게 알 수 있을까?'이다. 이와 더불어 우리가 알 수 있는
것, 지식을 얻을 수 있는 방법, 지식의 본성 따위를 다루는
유사한 물음이 이후 서양철학을 점유해 인식론을 구성하게
되었다.

    일부 철학자들은 경험과 감각을 통해 얻은 증거로
지식을 얻는다고 믿었고 이런 관점이 바로 경험주의이다.
지식이 논증을 통해 얻어진다고 보는 주장은 합리주의다.
경험주의와 합리주의가 구분되면서 19세기까지 철학의
여러 학파를 정의하는 데 큰 도움이 되었다. 한편 인식론의
다른 영역은 사실과 믿음 같은 개념과 지식 사이의 연관성을
연구한다.

존재론

형이상학의 주요 분과로 여겨지는 존재론은 존재와
실체의 본성을 탐구하는 철학이다. 사물에 대한 인간의
지식을 연구하는 인식론과는 차이가 있으며 사물이 실제로
존재하는지, 존재한다고 말할 수 있는 것들은 무엇인지를
탐구한다.

존재론은 무언가가 존재한다고 말할 수 있는 근거를
제시할 뿐 아니라 존재하는 사물의 특성을 파악하고 그
사이의 관계에 따라 분류한다. 그러기 위해서는 '존재'나
'실재', '현실'과 같은 존재론의 핵심 개념과 물질 혹은
사물의 본질, 그 특성 및 구체적인 대상과 추상적인 대상의
차이에 대해서도 정의할 필요가 있다. '사랑'과 '추억'
같은 개념이 탁자나 돌과 같은 방식으로 존재한다고 볼 수
있을까?

논리학

이성을 활용하기에 철학은 우주와 우리가 사는 세상에 대한 해답을 찾는 과정에서 종교나 일반 관습과는 차별화된다. 철학자는 사고를 통해 사상을 제안하고 이성적인 논쟁을 통해 타당성을 입증해야 한다. 주장이 타당한지 여부를 입증하기 위해 다양한 기법을 시도하면서 논리학이라는 철학의 한 분과가 생겨났다.

간단히 말해, 논리학은 특별한 예시에서 일반 원칙을 도출하거나(귀납법) 일반 진술에서 결론을 도출하는(연역법) 방법으로 전제를 검증하는 과정이다. 아리스토텔레스(p.82)가 창안한 전형적인 논증 방식인 삼단논법은 두 가지 전제와 하나의 결론으로 이루어지며, 19세기 수리논리학이 발전하고, 기호논리학이 20세기에 철학의 새로운 분야를 열기 전까지 철학 논리의 중심을 이루었다.

모든 사람은 죽는다.

소크라테스는 사람이다.

따라서 소크라테스도 죽는다.

도덕철학과 윤리학

앞선 철학자들이 넓은 우주를 이해하려고 한 반면 얼마 지나지 않아 철학 범주는 인간 존재 자체와 삶을 살아가는 방식으로 좁아졌다. 고대사회에서는 미덕이 삶의 근간이었지만 이를 확실히 정의하기 어려웠다. 선과 악, 행복, 용기와 도덕성과 같은 개념은 윤리 혹은 도덕철학으로 알려진 철학의 한 분과로 논쟁의 주제가 되었다.

철학자들은 도덕적인 삶의 본질을 파악하기 위해 노력하면서 무엇이 인생의 목표가 되어야 하는지 의구심을 품었다. 인생의 '목적'은 무엇일까? 어떻게 살아야 하며 어떻게 마무리해야 하는가? 그리스철학 속 '훌륭한 삶'의 개념에서 행복은 아주 중요한 부분을 차지하며 이는 곧 도덕적이면서도 행복한 삶을 지칭한다. '훌륭한 삶'을 추구하는 방법을 두고 다양한 학파들이 출현했는데 자연과의 조화를 중시하는 키니코스 학파, 쾌락이 인생에서 가장 중요한 본질이라고 믿는 에피쿠로스 학파, 우리가 어찌할 수 없는 것들을 받아들여야 한다고 보는 스토아 학파 등이 대표적이다.

정치철학

'훌륭한 삶'을 구성하는 요소를 탐구하는 윤리학,
도덕철학과 밀접한 관련이 있는 정치철학은 정의와 같은
개념의 본질을 살피고 어떤 사회가 시민들이 '훌륭한 삶'을
영위할 수 있도록 해 주는지 연구한다. 사회를 조직하고
통치하는 방법은 고대 그리스에서만 중요하게 여겨진 것이
아니라 거의 같은 시기 중국의 민족국가들과 새로운 문명이
출현한 다른 지역에서도 발달했다.

철학의 한 분과로서 정치철학은 정의, 자유와 권리, 국가와
시민의 관계를 탐구한다. 또한 군주제, 귀족제, 과두제,
전제정치, 민주주의와 같은 다양한 정부 형태와 각각이
개인의 권리와 자유에 어떤 영향을 미치며 법을 통해 어떻게
권력을 행사하는지 살핀다.

미학

고대 그리스 철학자들은 미덕과 정의 같은 개념을 확립하려고 노력하면서 도덕과 정치 철학을 꽃피웠으며 '아름다움이란 무엇인가?'와 같은 물음도 제기했다. 이것이 미학이 추구하는 궁극적인 질문이다. 철학의 한 분과로서 미학은 무언가의 아름다움을 판단하는 객관적인 기준을 세우고자 애쓰지만 더 넓은 관점에서는 예술의 모든 측면을 탐구한다. 여기에는 '예술이란 무엇인가?'와 같은 근본적인 질문도 포함한다.

인류 역사에 걸쳐 미학의 중요성은 종교적, 예술적, 사회적, 정치적 중요성을 지닌 예술을 구성하는 요소가 무엇인지, 예술에 대한 일반적인 이론과 이를 인식하는 방법, 예술적 창의성과 같은 잣대에 따라 달라졌다. 미학에서 예술 작품의 진위 여부나 창작가의 진정성과 같은 문제를 고려할 때 철학적이고 윤리적인 문제 역시 제기되었다.

동양·서양 철학

고대 그리스에서 시작된 전통이 여전히 서양의 철학
논쟁을 주도하는 경향이 있지만 철학은 결코 하나의
전통으로 한정할 수 없는 분야다. 중국에서 노자와 공자
같은 사상가들 역시 각기 다른 시점에서 자신들만의 전통을
세웠고 이는 인도의 싯다르타도 마찬가지다. 이들과 후대
동양철학자들은 형이상학적인 물음에 종교를 통해 해답을
얻었기에 동양의 전통은 미덕과 인생을 살아가는 방식에
한층 중요성을 둔다. 특히 중국에서 도덕철학은 통치 왕조의
사상으로 선택되어 정치적인 잣대로 기능했다. 동양과 서양
철학은 19세기까지 별도로 발전했으며 유럽 철학자들, 특히
쇼펜하우어〔p.270〕가 인도 종교와 철학 사상에 관심을 갖게
되면서 교류가 이루어졌다. 그 직후 동양철학의 요소는
곧바로 서양철학의 일부 분과로 결합되었다.

인도와 중국의 경우 철학과 종교의 차이가 서양만큼 분명하지 않다.

철학 대 종교

종교와 철학은 상당히 다른 접근 방식으로 우리 주변 세상에 대한 해답을 얻고자 한다. 종교는 믿음, 신념, 계시를 통해, 철학은 이성과 논쟁을 통해 답을 찾지만 다루는 부분이 많이 겹치며 가끔 서로 관련되기도 한다. 동양철학은 종교와 함께 발달했고, 이슬람교는 자신들의 신학과 고대부터 이어온 철학이 일치한다고 보았지만, 서양철학과 기독교의 관계는 순조롭지 않은 경우가 많았다. 중세 교회 권력자들은 철학을 자신들의 교리에 대한 도전으로 여겼고 기독교 철학자들은 그리스철학 사상을 기독교 교리 속으로 융합하기 위해 이단으로 불리는 위험까지 감수해야 했다. 그러나 무엇보다 중요한 사실은 철학이 지식과 반대되는 믿음, 이성에 반대되는 신념과 같은 문제를 제기했다는 점이며, 기적이나 신의 존재를 입증할 수 있는지에 대한 의구심이 그 대표적 예라고 할 수 있다.

나는 생각한다.   vs   나는 믿는다.

철학과 과학

철학의 역사에서 현대적인 형태의 과학과 같은 것은 존재하지 않았다. 사실 현대 과학은 철학적 질의에서 진화한 것이다. 우주의 체계와 구성 요소에 대한 형이상학적 질문에서 비롯된 이론들이 후에 '자연철학'의 토대가 되었고 이것이 현 물리학의 전신이다. 한편 이성적인 논쟁 과정이 '과학적인 방법'을 뒷받침한다.

18세기 이후 형이상학의 원론적인 질문 상당수가 관찰, 실험, 측정을 통해 밝혀졌고 이 분야에서 철학은 불필요해졌다. 그래서 철학자들은 과학 자체를 탐구하는 것으로 눈길을 돌렸다. 데이비드 흄과 같은 일부 철학자들은 과학적 귀납법[p.226]의 타당성에 의구심을 제기했고 그 밖의 다른 인물들은 과학이 정의한 의미를 명백히 하는데 몰두해 과학 윤리와 진행 방식을 다루는 '과학철학' 분야를 창시했다.

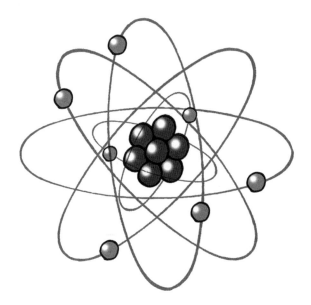

그리스철학

서양철학의 시작은 기원전 6세기 경 그리스의 문화와 사회가 급속도로 팽창한 것과 밀접한 관련이 있다. 그리스 본토와 군도를 포함해 지중해 동부와 이탈리아 남부 및 시칠리아까지 그리스의 영향이 확대되었다. 식민지 중 한 곳인 현 터키 해안의 밀레토스에서 최초의 철학자가 등장했다. 탈레스를 필두로 한 밀레토스 학파는 후대에 영향을 미쳤고 그들의 철학적 사고방식과 토론은 그리스 전역에 급속도로 퍼졌다. 아테네는 철학이 융성할 수 있는 최적의 장소였고 역사상 가장 영향력이 큰 철학자 소크라테스, 플라톤, 아리스토텔레스를 배출했다. 이들을 뒤이어 키니코스 학파, 회의학파, 에피쿠로스 학파, 스토아 학파 이렇게 네 가지 주요 학파가 출현했다. 그리스의 영향력은 알렉산더 대왕 통치 시대에 절정에 달했지만 기원전 323년 왕이 죽은 뒤 그리스는 내부 분열이 발생해 문화적 영향력이 줄어들어 결국 세력을 확장하던 로마제국에 넘어가고 말았다.

밀레토스의 탈레스

기원전 6세기 초 무렵 그리스 식민지 밀레토스에 거주했던 탈레스라는 사람은 우주의 작용을 설명하는 기존의 전통에 만족하지 못하고 이성적인 사고로 자신만의 해답을 찾고자 했다. 우리가 아는 한 처음으로 이런 생각을 했기에 탈레스는 최초의 철학자로 여겨진다. 탈레스가 가장 궁금해 했고 모든 '소크라테스 이전' 철학자들이 지속적으로 흥미를 느낀 질문은 바로 '세상은 무엇으로 이루어졌는가?'이다.

탈레스의 정의는 놀라웠다. 그는 모든 것이 하나의 요소인 물에서 비롯되었다고 믿었다. 탈레스는 물이 모든 생명에게 꼭 필요한 요소라고 설명했다. 액체 상태였다가 차가워지면 고체, 뜨거워지면 기체로 다양하게 바뀔 수 있는 점이 그 이유다. 게다가 고체인 지구가 물 위에 떠 있는 것 같고, 물로부터 비롯되었기에 우주의 모든 것이 물로 만들어졌다고 본 것이다. 탈레스의 사상은 처음에는 쉽게 받아들여지지 않았을 것이다. 이미 우리는 현대 과학을 통해 모든 문제가 궁극적으로 에너지로 귀결된다고 알고 있다.

탈레스의 우주관은 지표면의 상당 부분이 물로 덮여 있는 데 영감을 얻었다.

아낙시만드로스와 아낙시메네스

세상을 바라보는 방식과 철학을 구분하는 방법 가운데
하나는 철학을 공부하는 학생들은 스승이 내린 결론을
그대로 받아들이는 것이 아니라 토론하고 논쟁하고
심지어 반대하도록 권유받는다는 점이다. 이는 탈레스가
세운 최초의 철학파인 밀레토스 학파에서 시도된 일이다.
제자 아낙시만드로스는 탈레스의 주장처럼 물이 지구를
지탱한다면〔p.32〕물을 지탱하는 것은 무엇인지 의구심을
품었다. 그는 지구가 원통형 실린더처럼 우주에 매달려 있고
그 평평한 한 면이 우리가 살고 있는 세상을 구성한다고
주장했다. 아낙시만드로스에게는 아낙시메네스라는 제자가
있었는데 그는 세상이 분명 평평한 형태로 공중에 떠 있다고
말했다. 탈레스와 같은 방식의 논쟁을 활용해 아낙시메네스는
모든 것을 만드는 유일한 요소가 공기라는 결론을 내렸다.
비록 밀레토스 학파의 결론은 후의 과학적 발견 측면에서
보자면 잘못된 것이지만 그들이 결론을 얻고자 활용한
이성적인 과정인 논쟁과 반론은 여전히 철학적 탐구의
기본을 형성하고 있다.

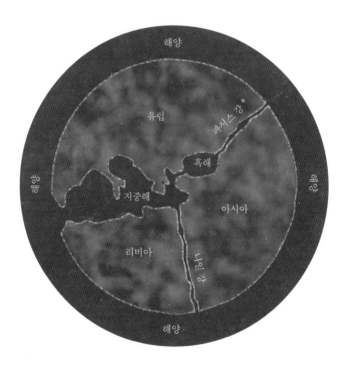

해양

유럽   파시스 강*

흑해

해양   해양

지중해

아시아

리비아   나일 강

해양

* Phasis River, 오늘의 리오니 강. 옮긴이

무한 후퇴

아낙시만드로스가 지구가 물 위에 떠 있다는 스승의 주장에 도전할 때 활용한 논쟁은 철학에서 여러 가닥의 생각을 발전시킬 수 있게 해 주었다. 세상이 물로 지탱된다면, 물은 무엇으로 지탱할까? 그리고 그것을 지탱하는 것은 또 무엇일까? 이처럼 무한정 이어지는 것이다. 원인과 결과에 관한 논쟁에서도 같은 패턴을 찾을 수 있다. 무언가가 다른 것의 원인이 된다면 그 원인의 원인은 무엇일까? 이처럼 끝없이 이어지는 사슬을 무한 후퇴라고 부른다. 일부 철학자들은 무한 후퇴가 존재한다는 것 자체가 우주가 영원하다는 증거라고 보았지만 다수의 철학자들은 그 생각에 동의하지 않았고 모든 일에는 기원 혹은 제1원인이 있을 것이라고 제안했다(이것이 현대 빅뱅 이론의 시발점이다). 일부 철학자들에게 제1원인 혹은 원동력은 순수한 사고 혹은 이성과 마찬가지로 추상적인 개념이었지만 중세 기독교인들에게 그 원인은 바로 신이었다. 실제로 제1원인에 대한 생각은 토마스 아퀴나스의 신 존재에 대한 우주 철학 논변의 중심이다(p. 140).

화면 속에 화면이 있고 또 화면이 있다는 생각은 무한 후퇴의 복잡한 개념을 잘 보여
준다.

헤라클레이토스: 모든 것이 유동적이다

밀레토스의 탈레스가 세운 학파와는 대조적으로 이오니아의 해안가에 있는 에페소에 살았던 고독한 사상가 헤라클레이토스는 아주 다른 철학적 관점을 보유했다. 단일 요소로부터 모든 것이 비롯되었다는 생각 대신 그는 변화라는 내재된 원칙을 제안했다. 헤라클레이토스는 모든 것은 반대되는 특성이나 경향으로 구성되며 이것이 모여 세상의 구성 요소를 이룬다고 보았다. 그는 산으로 올라가는 길이 내려오는 길과 같다는 말에 비유했다.

이 이론에 따르면 '반대의 통합'은 상반되는 힘 사이의 긴장과 모순이 실체를 형성하지만 결과적으로 불안전할 수밖에 없다. 따라서 모든 것은 지속적으로 변한다. 모든 것이 유동적이다. 강물이 계속 흐름에도 강 자체는 그대로 남아 있는 것처럼 여기듯이 변하지 않는 실체는 사물로 이루어진 것이 아니라 과정에서 비롯된다.

/ Heraclitus: everything is in flux

피타고라스: 숫자가 지배하는 세상

피타고라스는 이오니아 해안가 사모스 섬에서 태어났지만 다른 이오니아 철학자들과는 달리 그곳에 오래 머물지 않았다. 그는 마흔 살이 될 때까지 지중해를 여행했고 그리스 식민지인 이탈리아 남부 크로톤에서 사이비 종교 종파를 세웠다. 이 괴이한 천재는 수학에 특별한 재능을 가지고 있어서 기하와 산수를 평방수와 입방수를 통해 관련지었으며 음악과 음향학에 내재된 수학적 비율을 인식했다. 그는 또한 이 지식을 철학적인 물음에 대입시켜 수학 법칙을 토대로 우주(cosmos, 그가 처음 사용한 말)에 체계가 있다고 주장했다. 천계의 위치와 움직임이 음악적 조화의 비율과 유사하다는 것이다(이를 '천체의 하모니'라고 부른다). 피타고라스는 처음으로 수학과 철학을 연관시킨 인물이고 데카르트, 라이프니츠, 러셀과 같은 위대한 수학자들로 구성된 두드러진 학파의 창시자이기도 하다.

피타고라스는 각기 무게가 다른 망치가 모루를 칠 때 방출되는 다른 음을 듣고 수학 등식이 음악적 조화와 관련이 있다는 점을 발견했다고 전해진다.

크세노파네스: 증거와 진정한 믿음

피타고라스와 마찬가지로 콜로폰의 크세노파네스는 이오니아 태생의 철학자로 오랜 시간을 그리스의 식민지 이곳저곳을 옮겨 다니며 살았다. 그는 우주가 젖고 마르는 것이 번갈아 나타남으로 구성되었다고 보았다. 이는 순수한 요소로 공기와 물을 꼽은 밀레토스 학파의 생각〔pp. 32, 34〕에 그와 반대되는 헤라클레이토스의 이론〔p. 38〕을 잘 절충한 것이다. 이보다 중요한 사실은 그가 화석을 활용해 한때 세상이 바다로 덮여 있었다는 가설을 세웠고 이것은 증거를 토대로 한 논쟁의 최초 표본이 되었다는 점이다.

또한 크세노파네스는 인식론에 의문을 제기한 최초의 철학자로, 우리가 '안다'고 여기는 지식은 실제로는 적당하다고 생각하는 가설에 따른 '진정한 믿음'이라고 주장했다. '진정한 실체'는 존재하지만 이는 인간이 이해할 수 있는 범주를 항상 넘어선다. 우리가 할 수 있는 일은 그곳에 최대한 가까이 도달할 수 있도록 가설을 다듬는 것뿐이다.

파르메니데스: 일원론

　기원전 5세기 초 무렵에 철학의 중심은 이오니아에서
이탈리아 남부로 이동했고 특히 그리스의 식민지인
엘레아에서 부흥했다. '엘레아 학파'를 창시한 인물은
파르메니데스로 그는 모든 것이 유동적이라는
헤라클레이토스의 이론(p.38)에 반론을 펼쳤다.
파르메니데스의 주장은 존재하는 것을 두고 '없다'고 말할
수 없기에 '무'라는 것이 있을 수 없다는 것이다. 따라서
무에서 모든 것이 시작되었다는 말은 사실이 아니며 모든
것은 반드시 존재했고 아무것도 아닐 수 없기에 앞으로도
존재할 것이라고 본다. 우주는 무언가로 이루어져 있고
파르메니데스는 이를 하나의 독립체라고 믿었다. 모든
것이 하나로 통합되어 바뀌지 않고 영원하다. 이것이 바로
일원론이다.

　또한 파르메니데스는 우리가 살고 있는 환상 속 세상과
같은 현상의 세계를 입증하기 위해 열심히 노력했다. 이후
서양철학에서 실체와 인식의 구별은 중요해졌다.

제논의 역설

스승 파르메니데스와 마찬가지로 엘레아의 제논[키티온의 제논과 혼동하지 말자, p.104]도 '모든 것이 하나'라고 믿었기에 변화는 불가능하다고 보았다. 자신의 주장을 뒷받침하기 위해 그는 논리적으로 틀리지만 상식에 따라 내린 결론인 역설을 활용했다. 예를 들어, 제논은 날아가는 화살은 한 장소에 머무는 것이니 움직이지 않으며 시간은 일련의 순간들로 이루어지므로 화살이 가만히 있는 것과 마찬가지라고 주장했다.

그는 운동의 차이를 아킬레스와 거북이의 역설로 따져 본다. 함께 경주를 할 때 아킬레스는 거북이를 먼저 보냈고 양쪽 다 각기 다른 속도로 달렸다. 아킬레스가 거북이가 출발한 지점에 도착했을 때 거북이는 조금 앞서 있었다. 아킬레스가 그 지점까지 따라잡으니 거북이는 더 많이 움직이고 이것이 반복되므로 아킬레스는 결코 거북이를 이길 수 없고 거북이가 그를 이기게 둬둘 수밖에 없다.

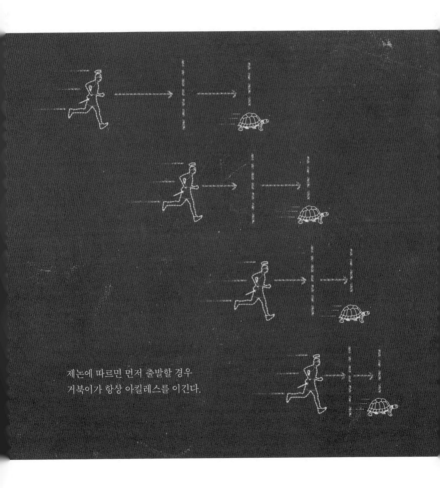

제논에 따르면 먼저 출발할 경우
거북이가 항상 아킬레스를 이긴다.

무더기 역설

많은 철학자들이 역설을 유용하다고 느끼는 까닭은 터무니없는 것들을 논리적으로 살펴 주장을 분명히 할 수 있기 때문이다. 널리 알려져 있는 역설로 '크레타 인은 다 거짓말쟁이다'라고 주장한 크레타 출신 에피메니데스의 '거짓말쟁이의 역설'이 있다. 일부 역설은 타당하지 못한 논리적 사고를 가려내는 데 유용하고, 일부는 논리 자체가 성립되지 않는다는 점을 지적한다. 그 예가 '무더기 역설'(그리스어로 무더기를 뜻하는 소로스soros에서 왔다)이다. 모래알 하나는 무더기가 아니고 둘도 무더기가 아니며 셋도 아니고…… 이렇게 1만 개를 세도 무더기가 되지 않는다!

여기서 문제는 우리의 논리 체계는 사실 혹은 거짓으로 이루어져 있어 무더기이거나 아니거나만 있을 뿐 그 사이는 존재하지 않는다는 점이다. 이 역설의 다른 버전은 대머리 남자 역설이다. 하지만 이 역설에서는 적어도 다양한 수준으로 솎아 낼 수는 있다. '구분' 논리의 결점은 철학의 다른 영역에서도 등장하는데 윤리의 경우 옳고 그름이라는 단순한 사고만이 존재한다.

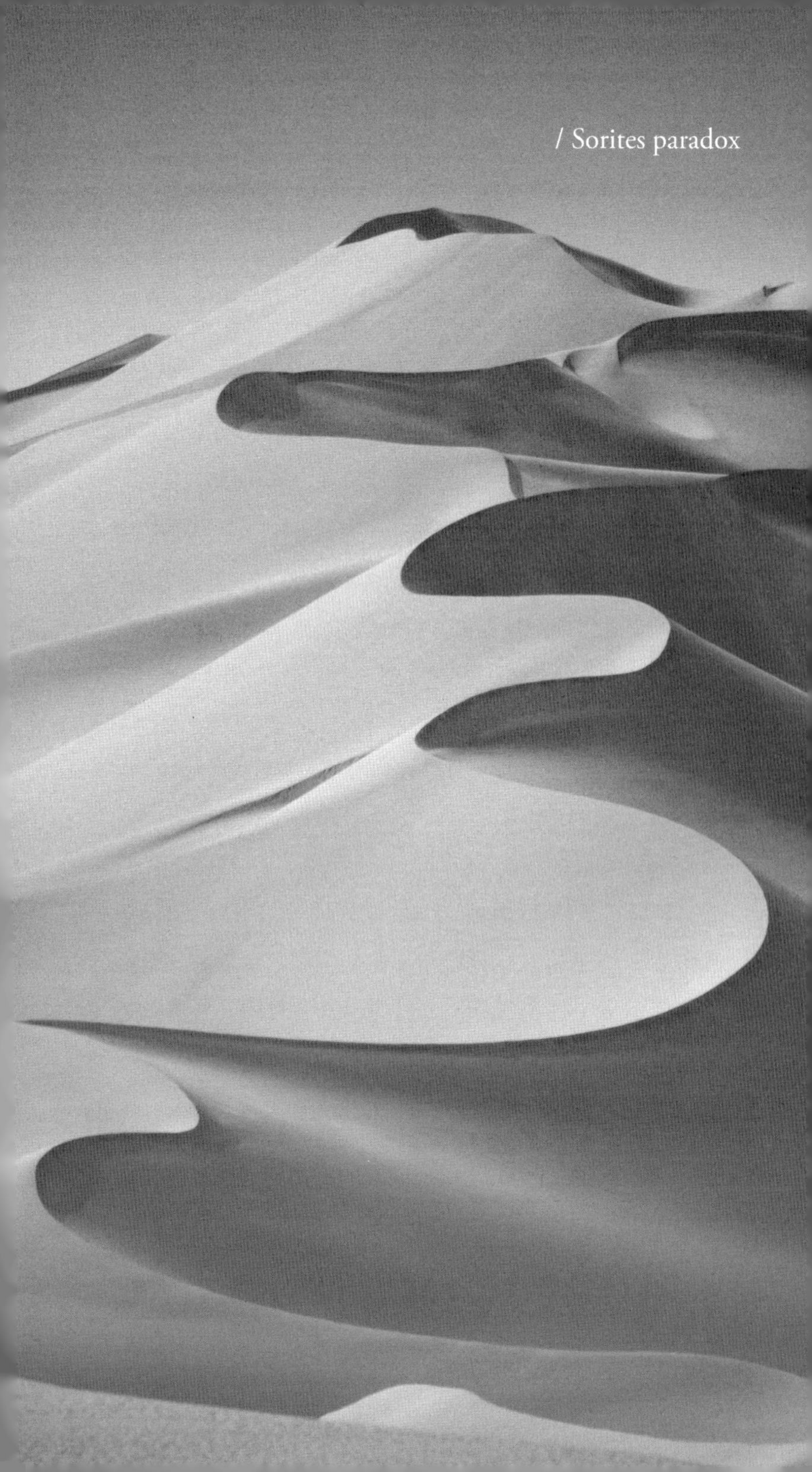
/ Sorites paradox

네 원소

우주가 무엇으로 이루어졌는지에 관한 의문은 기원전
5세기 그리스 철학자들 사이에서 여전히 중요한 문제였다.
시칠리아 아크라가스 출신인 엠페도클레스는 모든 것이
하나의 요소로 이루어졌다는 밀레토스 학파(p. 32)의 주장을
이어 나갔다. 그는 한 단계 더 나아가 흙, 물, 공기, 불로
구성되어 우주의 각기 다른 요소를 구성하는 네 원소를
정립했다. 파르메니데스의 일원론(p. 44)에서 발전시킨 주장을
통해 그는 이 요소들이 영원하고 대체 불가능하지만, 어떤
힘이 요소들의 혼합 정도를 바꿀 수 있다고 보았다. 그는 두
가지 물리적 힘을 정의하면서 요소들이 서로 끌어당기거나
분리하는 과정을 '사랑'과 '갈등'이라는 시적 표현으로
지칭했고, 이런 작용이 물질의 구성을 바꾼다고 설명했다.
그의 물질 분류는 후에 네 원소로 알려져 철학자들 사이에서
널리 인정받았으며 르네상스 시대 연금술의 초석이 되었다.

엠페도클레스의 네 원소인 흙, 물, 불, 공기는 중세에 영향을 미쳐 연금술이 성장할
수 있게 해 주었고 이 목판화에서 보는 것처럼 육체, 정신, 영혼의 삼위일체와 같은
사상을 불러일으켰다.

데모크리토스와 레우키포스: 원자론

레우키포스와 그의 제자 데모크리토스가 제시한 이론은 당대에는 엠페도클레스의 네 원소(p.50)보다 큰 영향을 미치지는 못했지만 다시 살펴보면 현대의 과학적 이해에 더 가까웠던 것으로 보인다. 이들은 우주의 만물이 아주 작고 대체 불가능하며 보이지 않는 입자인 원자(그리스어로 더 자를 수 없다는 뜻의 아토모스atomos가 어원)로 구성되어 있다고 주장했다. 원자가 자유롭게 빈 공간을 옮겨 다니며 지속적으로 결합해 형태를 바꾼다는 것이다.

텅 빈 공간이 있다는 주장 때문에 당시에는 이 이론이 받아들여지지 못한 것이 아닐까 추정된다. 이들 이론에 따르면 원자의 수는 무한하며 다른 특성을 지닌 다른 원자가 결합해 물질의 특성을 결정한다. 원자는 파괴할 수 없기에 물질 혹은 인체라도 원자가 분산되고 다른 형태로 구성되면 부패한다.

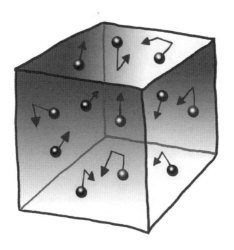

아테네 철학

 기원전 5세기, 아테네는 그리스 본토에서 주요
도시국가로 성장했다. 이미 이 지역은 군사와 무역
요충지였던데다가 기원전 508년 사회·문화적 개혁을
주도한 정치가 솔론의 등장으로 민주주의를 채택할 수
있게 되었다. 그로 인한 번영과 안정 덕분에 도시 문화가
융성했고 특히 음악과 극, 시에서 두각을 나타냈으며,
그리스 세계 다른 곳에 있던 지성인들을 끌어모았다.
그중에서 이오니아의 아낙사고라스와 트라키아의
아브데라에서 온 프로타고라스가 아테네에 철학을
도입했다.
 아테네는 철학이 발전하기 이상적인 도시였고 이내
그리스철학의 중심지로 부상해 역사상 가장 영향력이
큰 사상가를 배출했다. 하지만 무엇보다도 중요한 것은
아테네의 문화·정치적 삶이 철학의 방향을 바꾸는 데
영향을 미쳐 형이상학적인 문제에서 한층 인본주의적인
도덕과 정치 철학적 질문으로 흥미를 옮겨 가게 했다는
점이다.

소피스트와 상대주의

아테네에서 민주주의가 새로운 법체계로 자리 잡았고 변호사 집단은 돈을 받고 고객을 위해 변론을 해 주거나 수사와 이성을 활용해 논쟁하는 법을 가르쳤다. 이 집단에서 프로타고라스가 이끄는 소피스트로 알려진 학파가 출현했고, 그는 비슷한 기법을 활용해 도덕 관념을 살폈다. 소피스트 학파의 핵심은 모든 논쟁에는 한 가지 이상의 관점이 있으니 (상당히 변호사적인 관점이다) 개입한 인물들의 관점을 고려해야 한다는 것이다.

예를 들어, 아테네의 날씨는 아테네인들에게는 온화하지만 그린란드에서 온 방문객에는 더울 수 있고 이집트 출신에게는 추울 수 있다. 이는 곧 완전한 진실은 없으며, 오로지 상대적이고 주관적인 가치만 존재한다는 생각이다. 상대주의로 알려진 이런 생각을 프로타고라스는 '인간이 만물의 척도'라고 요약했다. 이 관점은 이성적으로 보이지만 상대주의자들의 접근 방식은 도덕철학이 지닌 의구심, 바로 '도덕적으로 완벽한 것은 존재하지 않는가?' 하는 물음에는 답하지 못한다.

소크라테스와 변증술

위대한 철학자 소크라테스는 소피스트 비평가 중 가장 중요한 인물이다. 그는 소피스트들의 지혜를 비난했으며 철학적 질의는 단순히 논쟁에서 이기기 위해서가 아니라 진실을 도출할 수 있어야 한다고 주장했다. 그렇지만 그도 소피스트들의 논쟁 방식 중 일부를 받아들였다. 초기 철학자들을 연구하면서 소크라테스는 그들의 추론 방식이 체계적이지 않고 특정한 부분을 토대로 하고 있다는 점을 파악했다.

소크라테스는 반대 의견을 가진 사람과의 대화를 통해 논리적인 논쟁을 하고 기본적인 질문에 대한 해답을 찾고자 왕성하게 노력했다. 이 기법은 현재 변증술이라고 불린다. 소크라테스의 접근 방식은 '나는 내가 아무것도 모른다는 것을 안다'에서 출발하고 개인이나 집단과의 토론을 통해 합의된 정의를 도출하고자 한다. '정의란 무엇인가?'와 같은 단순해 보이는 질문을 끊임없이 더 많은 질문과 연결시켜 불안정함과 모순을 드러냄으로써 가정이나 관습적인 믿음에 빠지지 않도록 노력하며 통찰을 얻고자 하는 것이다.

소크라테스와 도덕철학의 기원

소크라테스가 기존 철학자들과 다른 점은 사상뿐만이 아니었다. 아테네 정치에 활발히 참여하면서 그는 형이상학적 관점이 인간의 삶과 상당히 무관하다는 점을 깨닫게 되었다. 그는 소피스트(p.56)들을 경멸했지만 인간의 문제에 집중하는 그들의 방식에 영향을 받았다. 소크라테스는 정의, 덕, 용기, 진실에 관심을 두었고 이 추상적인 부분들이 아테네 사회 체계를 세우는 근간으로 현재 우리가 알고 있는 도덕철학의 본질이 되었다.

아테네 시민들과 철학 토론을 벌이면서 소크라테스는 이런 개념들을 정의하려고 노력했고 변증술 담론과 추론으로 그 특성을 포착하고자 애썼다. 그는 자신이 아무런 지식도, 의견도 없다고 고백했지만 그가 제시한 일련의 주장에는 옳고 그름에 대한 사상이 깔려 있어 토론을 통해 사람들이 한층 도덕적으로 행동하고 '훌륭한 삶'을 살 수 있도록 도움을 준 것으로 보인다.

고대의 덕을 지칭하는 파리 오르세 미술관의 동상들.

반성하지 않는 삶

소크라테스는 아무런 저술 활동도 하지 않았고 학파를
세우지도 않았으며 대다수가 어린 학생들로 이루어진 소수의
추종자 집단만 보유했다. 그렇지만 그저 아테네를 걸어 다니며
사람들과 토론에 참여하는 것만으로도 유명해져 역사상
가장 위대한 철학자 중 한 사람으로 이름을 올렸다. 당시
모든 사람이 그의 사상에 동조하는 것은 아니었다. 인기를
끌던 극작가들은 그를 우스꽝스러운 인물로 묘사했고 정부
인사들은 그가 당대 관습에 도전하는 것이 아닌지 의심의
눈초리를 보냈다. 그는 한동안 전문성이 결여된 논쟁꾼에
불과한 소피스트로 여겨지다가 젊은이들의 도덕성을
타락시키고 도시의 신을 믿지 않는다는 죄로 기소되었다.
유죄를 선고받은 소크라테스는 종신형을 피하기 위해 자신의
입장을 바꿀 기회가 있었지만 반성하지 않는 삶은 살 가치가
없다는 말을 남기고 미나리 독이 든 음료를 마셨다. 그의
추종자 중 한 사람인 젊은 플라톤이 『소크라테스의 변명』을
통해 소크라테스의 재판과 죽음을 기록했으며 다른 저술로
소크라테스의 사상을 후대에 알렸다.

행복: 훌륭한 삶

소크라테스가 끊임없이 던진 질문의 핵심은 어떻게 사는 것이 가장 좋은 인생인가이다. 그는 정의, 덕, 명예, 용기와 같은 용어들을 적확하게 정의하려고 노력하면서 사람들이 한층 공정하고 타당하며 명예롭거나 용기 있는 방식으로 행동하고 훌륭한 삶을 살아야 한다고 믿었다. 이는 어떻게 사는 것이 '훌륭한 삶'인가 하는 논쟁을 불러일으켰다. 그리스 철학자들은 훌륭한 삶을 곧 행복이라고 보았다.

행복에 대한 정의와 그 특성을 탐구하는 일이 그리스 도덕철학의 중심이 되었다. 훌륭한 삶이 행복한 삶이어야 한다는 점은 분명하지만, 행복이 만족 혹은 감각적 쾌락을 의미하는 것일까? 그리고 어떤 삶의 방식이 가장 큰 행복을 가져다줄까? 소크라테스의 경우 훌륭한 삶이란 쾌락과 행복을 넘어서 정의, 명예 용기와 같은 덕이 포함된 아주 광범위한 것이었다.

덕과 지식

전문 변호사이자 웅변가로서 소피스트들[p. 56]은 자신들의
논쟁 기교를 교육으로 활용했다. 그들은 고객들에게 수사와
논쟁을 가르쳐 주었고 현재 인생 상담 코치들이 해 주는
것과 비슷한 방식으로 (야심찬 부자 고객을 대상으로) 윤리도
강의했다. 그들이 가르친 것은 '탁월함'이라고 번역할 수 있는
아레테arete로 한 개인의 잠재력을 극대화하는 방식에 관한
내용이다. 아레테는 '훌륭한 삶'의 개념에서 중추적인 역할을
했고 그리스의 '덕'과도 동의어로 여겨졌다. 소크라테스는
덕을 갖춘 삶을 살기 위해서는 아레테가 무엇인지 알아야
한다고 믿었고 덕은 곧 지식이라는 결론에 도달했다. 그는
덕이 훌륭한 삶을 위한 필요 불충분 조건이라고 주장했다.
덕을 알지 못하는 사람은 행복하고 훌륭한 삶을 살지 못하고
덕을 아는 사람은 행복하고 훌륭한 삶밖에 살 수 없다.
소크라테스는 이를 '누구도 악인이 되길 바라지 않는다'라는
역설로 함축했다. 덕은 지식이기에 무지한 사람만이 잘못을
저지르는 것이다.

터키 에페수스 도서관 유적지 한가운데 서 있는 덕의 여신 아레테의 동상.

정치철학의 시작

아테네가 민주주의의 토대를 세우고 시민들(적어도
특정 계층의 시민들)에게 활발한 참여를 요구했기에 아테네
철학자들은 이내 도덕철학 사상을 사회 전반에 적용하게
되었다. 정의와 자유 같은 덕의 개념은 개인뿐 아니라
도시국가인 폴리스에도 적용되는 것으로 여겨졌다.

이 새로운 윤리 분야는 '폴리스와 관련된 것'을 의미하는
정치학 혹은 정치철학으로 알려졌다. 도덕철학을 폭넓게
연구하면서 그리스 철학자들은 도시국가에 어울리는 미덕을
정의하는 일과 행복에 대한 사상을 확립하는 일에 매달렸다.
시민들이 '훌륭한 삶'을 살 수 있도록 만들기 위해서 어떤
사회를 조직해야 할까? 여기서 범위를 넓혀 가 보면 국가를
통치하는 방법, 법을 정하고 실행하는 방식, 개인과 국가
간의 관계와 같은 다양한 분야가 속한다.

기원전 6세기 프닉스 언덕에서 아테네인들은 세계 최초의 민주정치로 발전한 대중 집회를 가졌다.

플라톤과 소크라테스식 대화

소크라테스가 자신에 관한 글을 전혀 남기지 않아서 우리가 알 수 있는 그의 철학은 모두 애제자 플라톤의 저서를 통해 얻은 것뿐이다. 다행히도 플라톤의 저서 대다수가 지금도 전해 오고 있고, 저서 상당수에서 소크라테스가 차지하는 비중이 크다. 『소크라테스의 변명』에서 소크라테스의 재판을 다룬 것처럼 (p. 62) 플라톤은 스승의 생각을 대화 형식으로 된 철학적 작품 여러 점을 통해서 잘 드러냈다. 작품 대부분에서 소크라테스는 주요 인물로 등장해 다른 철학자들과 대중에게 질문을 던진다.

이 같은 '소크라테스식 대화'는 문제를 안겨 준다. 플라톤은 등장인물을 통해 효과적으로 말을 전달하지만 그 철학의 얼마큼이 소크라테스의 것이고 얼마큼이 자신의 것일까? 플라톤은 훌륭한 삶에 대한 자신만의 생각을 분명하게 담은 작품을 남겼지만 그에게 끼친 소크라테스의 영향을 무시할 수 없기에 이 둘을 구분하는 일은 언제나 쉽지 않다.

아테네 예술학교에 세워진 소크라테스(왼쪽)와 플라톤(오른쪽)의 동상.

플라톤의 이데아론

소크라테스가 기존의 권위에 변증술적 질문을 던지는
방식은 플라톤이 이데아론을 구성하게 하는 계기가 되었다.
플라톤 역시 사물의 본질이 정확히 무엇이며 그 구성 요소가
무엇인지를 정의하고자 노력했다. 예를 들어, 침대를 볼 때
그동안 보아 왔던 모든 침대들의 모습이 다 제각각이겠지만
우리는 그것을 침대라고 인식한다. 플라톤은 침대의 이상적인
형태는 우리 마음속에 있다고 주장한다. 이와 유사하게
아무리 이상하게 그렸다고 해도 동그라미를 인식할 수
있는 것은 실제로 불가능하다고 할지라도 마음속에 완벽한
동그라미에 대한 생각 혹은 형태를 가지고 있기 때문이다.
뚜렷한 사물과 더불어 추상적인 개념도 형태를 가지고 있다.
이상적인 형태는 세속적인 존재와 분리된 세상에 있지만
우리는 합리적인 사고로 지식을 보유하고 있기에 이들을
확인할 수 있다. 반대로 불완전한 인식은 감각을 통해
얻어진다.

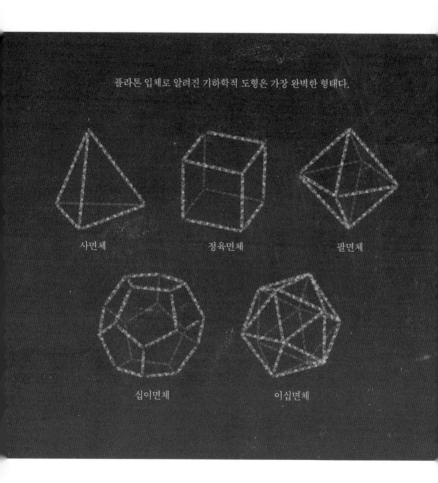

플라톤 입체로 알려진 기하학적 도형은 가장 완벽한 형태다.

사면체   정육면체   팔면체

십이면체   이십면체

플라톤의 동굴

플라톤은 자신의 이데아론[p. 72]을 설명하기 위해
학생들에게 햇빛이 전혀 들지 않은 깊은 땅속 동굴에 죄수가
쇠사슬에 묶인 채 평생 벽만 보고 있는 모습을 머릿속에
그려 보라고 말했다. 그 너머에 다른 벽이 있고 또 그
너머에는 빛이 있다. 사람이 무언가를 들고 이 벽 맨 위를
걸으면 그 그림자가 죄수들이 보는 벽에 드리우게 된다.

그림자는 죄수들이 보는 유일한 것으로 플라톤은
그들에게는 그림자만이 유일한 현실이지만 동굴에서
해방되면 이것이 현실이 아니라는 점을 알게 된다고 말했다.
죄수들은 처음에는 햇빛에 눈이 부실 수도 있고 동굴
바깥으로 나가게 되면 빛이 너무 강해 일시적으로 눈이
보이지 않을 수도 있다. 죄수들이 동굴로 되돌아오면 어둠에
가려 눈이 보이지 않게 된다. 이것이 이데아의 세계와
비교했을 때 우리가 인지하는 환상 속 세계의 본질이다.

/ Plato's cave

도덕과 종교

철학은 인간의 욕망을 종교가 아니라 이성적으로
설명하려는 시도를 통해 발달했다. 신이 세상에 끼치는
영향력은 여전히 컸지만 그리스 사회가 발달하면서 인간
세계와 한층 동떨어진 것 같은 느낌이 들게 되었다. 대부분의
철학자들이 종교를 자신들의 사상과 무관한 것으로 보았지만
도덕철학이 출현하면서 신의 영향력에 대한 의구심이 다시금
부상했다.

플라톤은 대화록인『에우티프론』을 통해서 다음과 같은
질문을 던졌다. '하느님의 경건한 사랑은 경건하기 때문에
경건한 것일까 아니면 사랑해서 경건해지는 것일까?' 다시
말하면 우리의 도덕성이 종교에 의해 결정되는 것일까
아니면 우리 스스로가 도덕성을 고안하고 그 도덕성을
종교에 끼워 맞춘 것일까? 플라톤은 이 문제를 자세히
살피면서 타고난 선과 악의 개념(그에 따르면 이데아에 대한
지식)을 제시한다. 이러한 고귀한 도덕성에 관한 질문은 중세
기독교와 이슬람 철학자들이 열심히 몰두했던 주제였다.

플라톤 대 아리스토텔레스

기원전 4세기 초 플라톤은 아카데미라고 알려진
철학 학파를 창시했다. 제자 중에는 그와 공부하고자
마케도니아에서 아테네로 온 아리스토텔레스도 있었다.
아리스토텔레스는 스승인 플라톤만큼 훌륭한 사상가로
성장했지만 둘을 구분하기는 정말로 어렵다. 추상적인
개념에 있어서 플라톤은 넓은 범주에서 생각한 반면
아리스토텔레스는 꼼꼼하고 실용적으로 접근했다. 플라톤의
사상은 세상에 대한 생각을 토대로 하며, 아리스토텔레스는
한층 세속적인 부분에 집중했다.

철학자의 성격은 철학에 접근하는 그들의 방식에서
드러난다는 말이 아주 잘 들어맞는다. 플라톤과
아리스토텔레스는 19세기까지 인식론에서 기본 분과로
남아 있던 세상에 대한 지식을 어떻게 이해하고 받아들여야
하는지에 관해 극명하게 다른 관점을 보였다. 둘은 의견
일치를 보지 못했지만 서로를 존중했으며 아리스토텔레스는
20년간 플라톤의 아카데미에 남아 있다가 스승이 죽고 몇
년이 지난 뒤에서야 자신의 학교인 리시움Lyceum을 세웠다.

라파엘로가 그린 프레스코화 〈아테네 학당〉에 묘사된 아리스토텔레스(오른쪽)와
플라톤(왼쪽)의 모습.

과학적 관찰과 분류

아리스토텔레스는 타고난 자연주의자였으며 계획을 세우는 일에 엄청난 집착을 보였다. 플라톤이 죽은 뒤 그는 몇 년 동안 소아시아에 머물며 식물과 동물을 공부했다. 특징, 유사성과 차이점을 식별한 뒤 살아 있는 것들에 대한 체계적인 분류를 구성했다. 단순한 식물과 동물에서 인간에 이르기까지 계층적으로 분류한 그의 작업은 후에 자연의 단계scala naturae 혹은 '존재의 거대한 고리'로 불리게 되었다.

아리스토텔레스는 또한 물리학 혹은 '자연철학'에 관심을 보였고 마찬가지 방법으로 접근했다. 관찰하고 조직하고 이성적으로 사고해 결론을 도출하는 것이다. 이는 기존 철학자들이 옹호하는 순수한 추론에서 근본적으로 출발해 세상을 살피는 과학적 방법으로 한 단계 더 나아간 도약이었다. 그는 철학에도 완전히 같은 접근 방식을 적용해 자신의 작업을 조직하고 하위 체계로 분류함과 동시에 그 연결성을 지적하고 철학 최초의 통합 체계를 구축했다.

아리스토텔레스: 경험에서 터득한 지식

　자연 세계를 연구하면서, 아리스토텔레스는 플라톤과
정반대 방식으로 우리가 지식을 얻는 과정에 대한 이론을
성립했다. 그는 동물과 식물에 대해 알게 된 것이 관찰에서
비롯되었다고 보고 모든 지식은 경험에서 출발한다고
결론지었다.

　가령, 개를 보면 종류와 크기가 아무리 다양하다고 해도
그것이 개라는 것을 알아차릴 수 있다. 플라톤은 이를
이데아론에 입각해서 얻은 지식이라고 설명한다(p.72).
그렇지만 아리스토텔레스는 스스로 수차례 개를 보았고
그것이 점진적으로 쌓여 개의 공통 특질에 대한 지식을
구성했다고 주장했다. 다양한 '개'를 보면서 '개 같은' 형상이
무엇인지에 대한 개념을 정립했다는 것이다. 이와 마찬가지로
우리는 정의나 미덕과 같은 추상적인 개념을 다양한 사례를
경험하면서 이해한다. 따라서 무언가에 대한 지식은 경험에
의거하며 감각을 통해 경험한 후에야 이성적인 사고
과정으로 나아갈 수 있는 것이다.

논리학와 삼단논법

다른 철학자들과 마찬가지로 아리스토텔레스도 자신의 이론을 이성적 논쟁을 통해 검증하고자 노력했다. 하지만 그는 초기 철학자들의 단순한 추론도, 소크라테스가 고안한 변증술에도 만족할 수 없었다. 대신 두 진술 혹은 '전제'로 나눈 정보를 통해 결론에 도달하는 논리 체계를 제안했다. 예를 들어, '모든 사람은 죽는다'와 '소크라테스는 사람이다'라는 명제가 주어진다면 우리는 '소크라테스도 죽는다'라는 결론에 도달할 수 있다.

처음으로 논리학에 대해 공식적인 연구를 하면서 아리스토텔레스는 대전제, 소전제, 결론으로 구성되는 삼단논법을 발전시켰다. 각각은 두 조건을 포함하는데 '모든 A는 B다', '일부 A는 B다', 혹은 '일부 A는 B가 아니다'처럼 다양한 형태로 드러날 수 있다. 분석과 분류에 뛰어난 자신의 재능을 활용하며 그는 각기 다른 형태의 전제와 결론을 조합해 타당한 논쟁과 그렇지 않은 것을 입증했다.

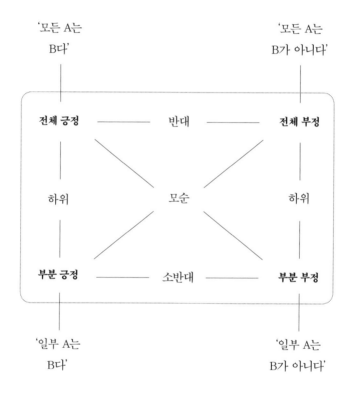

'모든 A는 B다'

'모든 A는 B가 아니다'

전체 긍정 —— 반대 —— 전체 부정

하위   모순   하위

부분 긍정 —— 소반대 —— 부분 부정

'일부 A는 B다'

'일부 A는 B가 아니다'

대당 사각형은 삼단논법 속 각기 다른 네 가지 유형 사이의 관계를 보여 준다.

네 가지 원인과 존재의 본질

아리스토텔레스는 타고난 실용적인 경향과 자연과
자연과학에 대한 흥미를 지녀 소크라테스와 플라톤만큼
도덕철학에만 헌신하지 않았다. 주변 세상에 대한 지식을
얻는 과정을 살피면서 그는 존재를 구성하는 본질에 의문을
가졌다. 우리가 어떻게 이루어졌는지 '연유'를 이해하지
못한다면 무언가에 대한 지식을 얻을 수 없다고 믿었고 특히
사물의 움직임이나 사건의 변화 등을 설명하는 부분에서
더욱 그러하다고 보았다. 아리스토텔레스는 존재의 본질을
'원인'이라고 부르는 네 가지로 다음과 같이 분류한다.

· 질료인(사물을 구성하는 물질)

· 형상인(사물 혹은 그 청사진의 구조)

· 동력인(원인에 대한 현대적인 이해에 더 가까우며 사물이 이루어지게
　　　하는 외부 매개)

· 목적인(아주 광범위한 견지에서 사물이 구성된 이유, 목표)

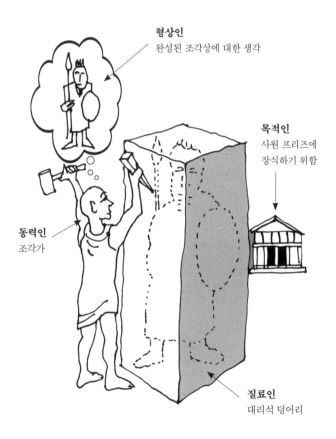

형상인
완성된 조각상에 대한 생각

목적인
사원 프리즈에
장식하기 위함

동력인
조각가

질료인
대리석 덩어리

공화국과 정치

　플라톤과 아리스토텔레스 모두 자신의 이론을
정치철학으로 발전시키며 가장 이상적인 사회를 조직하는
법을 탐구했다. 당연히 각각은 다른 방식으로 접근해 다른
결과를 도출했다. 플라톤의 공화국은 일종의 권위주의
도시국가로 이데아론의 미덕을 갖춰 검증을 받은 특별한
철학자 겸 왕이 나라를 통치한다.

　아리스토텔레스는 정치에 한층 체계적으로 접근했다. 그는
가능한 정부 형태를 분석하고 '누가 통치하는가?'(한 개인인가
아니면 선별된 일부 혹은 다수인가?), '누구를 대변하는가?'(본인들
혹은 국가?)의 척도에 따라 분류했다. 그는 국가의 진정한
구성 형태를 군주정, 귀족정, 혼합정(혹은 입헌제)으로
식별했다. 이들은 모두 공익을 위해 통치하지만 비정상적이
되면 참주정, 과두정, 민주정으로 바뀐다. 선택에 있어서
아리스토텔레스는 혼합정이 가장 이상적인 국가 형태이며
변형된 양식 중에는 민주정이 제일 낫다고 보았다.

아리스토텔레스의 국가 형태

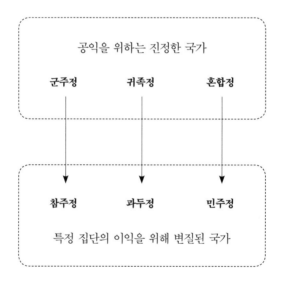

윤리와 중용

　소크라테스는 덕으로서 윤리와 중용의 의미를 명확히 정의해 꼭 필요한 자질을 알고자 노력했다. 이는 플라톤과 아리스토텔레스의 도덕철학에서도 계속 이어졌다. 이들은 완벽한 정의定議를 추구하면서도 너무 편협하게 생각하지 않으려고 노력했고 각각의 덕의 범주에서 사고하려 했다. 중용적 사고는 초기 그리스의 사상에서 비롯되었다. 이는 고대 이카루스의 신화에서 보듯 '무엇이든 과도하지 않게' 하고자 하는 노력이다.

　중용은 아리스토텔레스의 윤리학에서 특히 중요한 요소다. 그는 덕의 범주를 극단적으로 '좋고', '나쁘고'로 나눈 것이 아니라 중용이라고 불리는 최적화된 중간 범주를 두었다. 예를 들어, 용기는 덕이지만 한 극단으로 치우치면 무모함이 되고 다른 극단으로 치우치면 비겁함이 되어 양쪽 다 이상적이지 않은 특성이 된다. 이와 마찬가지로 정의는 혹독함과 관용이라는 양 극단을 가질 수 있다.

이카루스는 바다와 하늘 중간쯤으로 고도를 유지하라는 조언을 무시하고 너무 높이
날았다. 그래서 태양의 열기에 날개를 붙인 밀랍이 녹아내리면서 추락해 죽음을 맞았다.

미

아름다움은 소크라테스와 제자들이 정의하고자 애쓴
유일한 덕이 아니다. 그는 꽤 단순해 보이는 물음을 던졌다.
'아름다움이란 무엇인가?' 여기서 미학이 시작되었다(p.22).
덕으로서 보자면 아름다움 그 자체보다는 개인의 아름다움에
대한 경험을 인식하는 편이 더 수월하다.

그러나 고대 그리스인들은 아름다움의 보편적인 특질을
식별했고 비율, 대칭, 균형과 조화를 중시했다. 음악과 비율을
분석한 피타고라스의 이론에서 기원한 수학에 대한 흥미와
아리스토텔레스의 윤리에서 중용에 대한 생각(p.90)을 반영한
것이다. 곧 아름다움에 대한 정의를 찾고자 하면서 다른
의문이 생겨났다. 이런 기준이 보편적인가, 혹은 아름다움은
개인차가 있고 단지 취향의 문제인가? 우리가 아름답다고
생각해서 아름다운 것일까, 아니면 본질적으로 아름다움을
구성하는 요소가 있는 것일까? 자연에서 보는 아름다움과
인간이 만든 예술 작품 속 아름다움에는 차이가 있는가?

예술 작품 평가하기

고대 시대에는 그리스 문화가 번성했다. 위대한 아테네 철학자들의 시대에는 시, 극, 음악, 건축, 예술에서 걸작들이 탄생했다. 그러나 모두가 그 탁월함을 인정한 것은 아니었다. 플라톤의 경우 모든 예술 형태가 이상적인 미와 선을 조악하게 모방한 것이라 보고 부정했다. 그렇다면 어떻게 예술 작품을 평가해야 할까? 단순히 취향의 문제로 치부한다면 객관적인 평가에 감정적으로 반응해 혼란을 야기하는 '영향론의 오류'를 범할 수 있다. 그래서 예술의 의미를 잘못 추구하게 만들기도 한다. 예술가의 의도를 파악하려고 하지만 그 작품에 대한 평가와 일치하지 않는다는 점을 발견할 수도 있다. 바그너의 경우 불쾌한 인종차별과 오만한 성격 때문에 작품의 가치를 제대로 평가받지 못한 것일까, 아니면 '의도의 오류'일까? 현대 미술은 편협한 정의로 국한할 수 없고 위조와 복제가 예술가의 역할에 대한 우리의 인식에 도전하면서 영원히 반복되는 질문을 하게 만든다. '예술이란 무엇인가?'

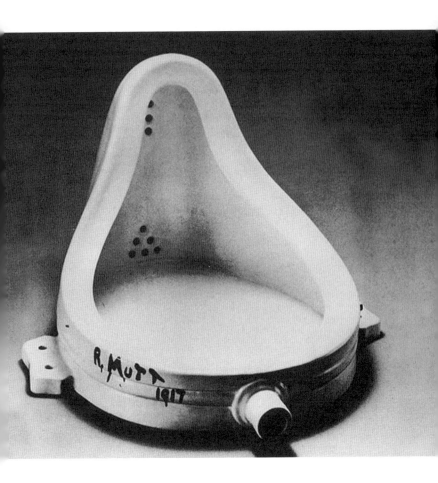

키니코스 학파: 디오게네스

소크라테스, 플라톤, 아리스토텔레스는 범접하기 힘든
업적을 남겼다. 이후로 그리스철학은 키니코스 학파,
회의학파, 에피쿠로스 학파, 스토아 학파로 분류된다.
키니코스 학파는 덕에 대한 관습적인 사고를 거부하는
시노페의 디오게네스에서 유래해 독창적인 생활 양식을
추구한다. 디오게네스는 부, 권력, 명예를 덕을 막는 장애로
보았고 행복하고 훌륭한 삶을 살기 위해 이들을 지양했다.
그는 단순한 삶, 물질적 소유에서 벗어나 인간의 본성과
조화를 이루는 것을 추구했다. 디오게네스는 단순히
철학에만 그치지 않고, 변변한 집도 없이 아테네 길거리에서
살면서 버려진 욕조에서 잠을 자고 누더기를 걸치고 음식을
구걸하며 사회의 관습과 예절을 무시했다. 소크라테스와
마찬가지로 그 역시 아테네 사람들에게 다가가 말을
걸었지만 훨씬 비판적이었다. 그는 대낮에도 '정직한 사람을
찾는데 도움을 주는' 램프를 들고 다녔다고 전한다. 그런
행동 때문에 '개'라는 별명이 붙었고 같은 뜻의 그리스어
키니코스가 학파의 이름으로 불리게 된 것이다.

97

회의학파: 피론과 제자들

가정에 대한 의구심은 철학적 물음에서 자연스러운
것이었지만 피론과 그 제자들로 이루어진 회의학파는
자신들의 철학의 주요 원칙에도 의구심을 품었다. 플라톤과
마찬가지로 그들은 인간의 감각에 절대적으로 의존할 수
없기 때문에 만물의 이치는 그것이 등장할 때에만 알 수
있다고 믿었다. 따라서 우리가 확실하다고 주장하는 증거는
감각에서 비롯된 것이기에 믿을 수 없다고 보았다. 이것은
꼭 틀렸다는 뜻은 아니지만 틀릴 수도 있고 맞을 수도
있다는 것이다. 논리적 진술을 할 때 전제의 진실은 의심해
보아야 하며 다른 믿을 수 없는 전제를 토대로 무한정
논쟁을 한 뒤에만 비로소 성립된다고 보았다. 궁극적으로
확실한 것은 존재할 수 없다. 이런 이유로 그들은 모든
주장에서 완전한 반대와 모순되는 주장도 함께 고려하게
되었다. 회의론은 극단적인 형태의 상대주의이며 철학적
논쟁의 타당성을 가장 순수하게 부정한다. 그럼에도
불구하고 회의론은 20세기 논리를 토대로 한 철학과
과학철학에 특히 큰 영향을 미쳤다.

/ Sceptics: Pyrrho and his followers

에피쿠로스 학파

오늘날 이 명칭이 지닌 함축적인 의미에도 불구하고
에피쿠로스 학파의 철학은 단순한 쾌락주의 그 이상이다.
학파의 창시자 에피쿠로스는 '훌륭한 삶'을 행복과
만족의 추구로 보았다. 그는 삶의 목표를 마음의 평화,
두려움으로부터의 자유, 특히 죽음에 대한 공포에서
벗어나는 데 주력하는 것으로 잡았다. 에피쿠로스주의는
인체를 포함해 모든 것들이 쪼개질 수 없는 원자로 이루어져
있다고 믿는다. 우리가 죽으면 분해가 이루어지고 물리적인
존재와 의식이 모두 사라지므로 육체적·감정적 고통이 모두
끝난다는 것이다. 따라서 죽음은 두려워할 하등의 이유가
없고 존재하지도 않는 사후 세계를 걱정하기보다는 현재의
삶을 즐기는 데 집중해야 한다고 말한다. 에피쿠로스는 한층
더 나아가 신의 타당성에 의문을 제시하고 자애로운 신의
존재에 대해서도 의문을 품었다(그는 신의 존재를 전면적으로
부정하면서 큰 곤경에 처했다). 에피쿠로스주의는 후에 기독교와
이슬람 철학에 밀려났지만 그 원칙의 상당수가 현대 과학과
자유주의적 인본주의에서 다시 등장했다.

죽음은 아무것도 아니다.
우리가 살아 있을 때 죽음은 찾아오지 않고
죽음이 찾아왔을 때 우리는 살아 있지 않다.

— 에피쿠로스

불멸의 영혼

에피쿠로스는 아마도 인간이 불멸의 존재라는 사실을
절대적으로 부정한 최초의 철학자가 아닐까 싶다. 원자론의
이론을 토대로(p.52), 그는 모든 것이 원자로 구성되어 있으며
그 밖에는 아무것도 없기에 모든 것이 물질로 이루어져
있으니 인간의 신체적 죽음은 곧 존재의 종식이라고 믿었다.
이 사상은 계속 소수의 의견으로 남았다.

계몽주의가 도래하기 전까지 철학자들 대다수가 감각과
이성은 별개로 신체와 정신에 각기 따로 존재한다고
생각했다. 플라톤은 세상에 대한 타고난 지식이 과거
존재의 기억이기에 영혼의 불멸을 입증한다고 보았다.
아리스토텔레스 또한 우리가 감각을 통해 얻은 지식은
신체가 수명을 다하면서 사라지지만 사고를 지배하는 영혼은
신체가 없이도 존재할 수 있고 물리적인 형태가 아니기에
부패할 수 없으므로 불멸이라 주장했다. 불멸의 영혼에 대한
믿음은 대다수의 종교에서 핵심 사상을 이루며 동양철학의
시금석이 되었다.

스토아 학파: 로마제국의 철학

철학의 마지막 학파는 고대 그리스에서 출현한 스토아 학파로 키니코스 학파가 제안한 단순함의 덕과 인간의 본성에 대한 사상에서 발전한 사상이다. 스토아 학파의 창시자 키티온의 제논〔엘레아의 제논과 혼동하지 말 것, p.46〕은 자연이 유일한 실체이며 우리는 그 일부이므로 이성적으로 사고할 수 있는 인간의 능력을 활용해 우리가 제어할 수 없는 것들을 받아들이고 스스로의 파괴적인 감정을 절제하는 법을 익혀야 한다고 주장한다. 덕은 '훌륭한 삶'이라는 행복을 주고 덕에 대한 지식을 영위할 수 있는 사람은 어떤 불행이 닥쳐도 휩쓸리지 않는다. 스토아 철학의 발전은 그리스 정치와 문화적 영향이 쇠퇴하고 로마제국이 상승하던 시기와 우연히 일치한다. 철학에 그리 열정적이지 않았던 로마인들은 스토아주의가 그들 문화의 윤리와 잘 맞는다는 사실을 발견했고 세네카, 에픽테토스, 마르쿠스 아우렐리우스 등의 사상가들이 받아들였다. 스토아는 로마제국의 보편적인 철학으로 성장했다.

/ Stoics : philosophy of the Roman Empire

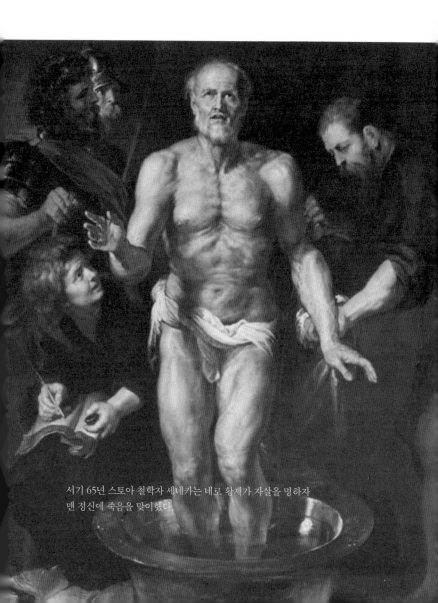

서기 65년 스토아 철학자 세네카는 네로 황제가 자살을 명하자
맨 정신에 죽음을 맞이했다.

동양철학

꽤 최근까지 서양철학은 중국과 인도 전통과는 별개로 발전해 왔다. 동양에서는 종교와 철학의 구분이 한층 더 모호해서 종교는 도덕철학을 받아들이고 철학은 종교적 신념의 일부이거나 적어도 입증되지 않은 형이상학적인 설명이었다. 중국의 노자와 공자, 인도의 부처 등 최초의 위대한 동양철학자들은 최초의 그리스 철학자들과 대략적으로 같은 시대에 존재했지만 도덕을 강조한 그들은 아테네 철학에 더 가깝다. 일부 측면에서 양쪽의 결론은 상당히 유사하지만 기독교가 퍼지면서 동양과 서양 철학은 유사점보다는 차이점이 더 부각되었다. 19세기 일부 서양철학자들이 인도 종교와 철학을 '발견'했고 특히 독일의 관념론과 비슷하다는 점을 깨달았다. 이보다 더 최근에는 동양철학의 종교적 측면이 선행하면서 동양의 철학적 사고는 서양의 영향을 받게 되었다.

도교

　기원전 6세기 중국 왕조 국가의 주요 과제는 전통 종교 사상을 반영한 국가 체계를 설립하는 것이었다. 문명의 책임을 지닌 학자 계급이 출현했고 그중에서도 노자는 사회와 정치 조직의 토대가 되는 종합적인 도덕철학을 제안했다. 이 세계관은 곧 도교로 알려졌다. 노자는 끊임없이 변하는 세상은 상호 보완하는 상태로 구성된다고 믿었다. 빛과 어둠, 밤과 낮, 삶과 죽음 등 각각은 순환하는 주기에서 서로 발생하며 영원한 조화와 균형을 이룬다는 것이다. 변화의 과정에서 나타난 '1만 가지 발현'이 길인 '도'로 알려졌고 이것은 인간이 이해할 수 있는 범주를 넘어서 '존재를 초월'한다. 우리가 욕망, 야망 혹은 사회적 관습에 굴복해 도에서 벗어난다면 우주의 균형은 흐트러진다. 도를 행하며 살아가기 위해서는 충동을 억제하고 직관적이고 신중하게 행동하면서 자연과 조화를 이루는 단순하고 유유자적한 삶인 '무위'의 삶을 추구해야 한다.

중국어로 길을 의미하는 '도'는 도교의 상징으로 사용된다.

유고

서양에서 공자로 알려진 공부자는 노자를 잇는 세대로 관리로 일하면서 능력을 발휘한 것으로 보인다. 노자가 도덕철학의 근간을 형성했다면 공자는 안정적이고 이상적인 정치 체계를 구축하는데 더 큰 노력을 쏟았다. 그는 정부가 덕과 선행을 토대로 해야 한다고 믿었지만 당대 관습과는 달리 도덕적 선함은 신이 준 것이 아니며 어떤 특정한 사회 계층으로 제약할 수 없다고 보았다. 그는 덕은 배양할 수 있으며 그 모범을 보이는 것이 통치 계급의 역할이라 말했다. 덕을 발현한 인물인 '군자'가 타인에게 귀감이 되며 사회 전반의 예식, 의식 및 세밀한 부분까지 강화할 수 있다. 충성심이 중요한 원칙인 계층 사회에서 특히 중요한 부분이다. 통치자는 자애로워야 하고 그 국민은 충성심을 보여야 한다. 공자는 이 상호 간의 신념을 다른 관계에도 확장해 정이 많은 부모와 순종하는 자녀, 남편과 아내, 형제자매, 친구와 동료 사이의 관계에도 적용했다.

황금률

인간관계에서 상호 존중 모델에 대한 생각은 공자 도덕철학의 중심이다(p.110). 공자는 또한 타인에 대한 우리의 행동을 정의할 때 상호주의를 지침으로 세웠다. '자신이 하고 싶지 않은 일을 남에게 행해서는 안 된다.' 흥미롭게도 공자는 이 '상호주의 윤리'를 부정적인 형태로 표현해(동양의 많은 종교들에서 그런 것처럼) 행동하기보다는 억제하도록 했는데 이는 서양에서 긍정적인 방식으로 보는 '남에게 대접받고 싶으면 자신이 먼저 대접하라'와 비슷한 맥락이다. 어떤 형식이든 간에 이 규칙은 거의 모든 주요 종교에서 등장하며 많은 도덕철학에서 언급되어 왔다. 보편적으로 받아들여지고 있기에 이 윤리는 '황금률'로 알려지게 되었다.

황금률은 윤리의 근본 이념이자 정치철학에도 적용된다. 정부 체계에 원칙을 적용하면서 그 규칙이 시민의 삶에 어느 정도 영향을 미쳐야 하는지, 권위주의자와 자유주의자들은 이를 어떻게 적용해야 하는지 의문을 제기했다.

유대교

내 이웃을 자신처럼
사랑하라

불교

자신에게 고통스러운 상처를
남에게 입히지 마라

기독교

대접받고 싶으면
남을 먼저 대접하라

힌두교

사람들은 항상 자신이
대접받고자 하는 대로
남을 대해야 한다

윤회, 법, 업보, 해탈

　인도에서는 문명화 초기에 다양한 종교 전통이 출현했다.
이들 대다수가 추구하는 보편적인 특성이 있었다. 현재
종합해서 힌두교라고 부르는 이 종교들은 환생에 대한
믿음을 공유했고 출생, 삶, 죽음, 부활로 이루어진 윤회를
거친다고 보았다. 이 윤회의 주기에서 벗어나려면 훌륭한
삶을 영위해야 한다고 믿었기에 도덕철학이 종교의
본질적인 부분이 되었다.

　불멸의 영혼인 아트만atman은 우주를 통치하는 도덕적
규칙으로 행동과 반응을 결정하는 업보에 따라 여러
형태로 부활한다. 생의 궁극적인 목표는 탄생과 재탄생의
주기에서 벗어나는 해탈이며 신에게 헌신하거나 업보를
깨닫고 법dharma을 통해 적절한 행동을 취해야 얻을 수 있다.
훌륭한 삶을 영위하는 데 꼭 필요한 의무와 윤리를 지칭하는
법은 그리스 철학자들의 사상과 여러 방식에서 비슷한
도덕철학을 보여 주며, 종교적인 우주관과 불가분의 관계를
맺고 있다.

법륜은 득도로 가는 길인 법을 상징한다.

불교

후에 부처로 알려진 고타마 싯다르타는 기원전 6세기
인도에서 태어났고 종교 전통에 탄생과 부활이라는
주기를 가져왔다. 그는 안락한 삶을 포기하고 이 주기에서
벗어나고자 고행을 시작했지만 이것이 만족스러운 삶으로
이어지지 않는다는 점을 깨달았다. 그는 관능적인 쾌락과
금욕주의의 극단 사이에 '중도'가 있다고 판단했다〔중용과
비슷, p.90〕. 인생은 채워지지 못한 욕망으로 인해 고통을
받는다. 자아를 극복하고 세속적인 권력과 물질 소유에
대한 '집착'을 버려야 이 고통에서 벗어날 수 있다. 부처는
이 사상을 고집멸도苦集滅道라는 사성제로 발전시켰다.
고통, 고통의 원인, 고통의 끝과 그 끝으로 가는 '팔정도'가
그것이다. 팔정도(정견正見, 정사유正思惟, 정어正語, 정업正業, 정명正命,
정념正念, 정정진正精進, 정정正定)를 따르면 만족한 인생을 살고
윤회의 주기에서 벗어나 열반에 도달할 수 있다.

기독교와 철학

교회의 교리는 중세 유럽 철학을 주도했다. 기독교는 특히 초창기에 철학적 추론보다는 신념과 권위에 더 비중을 두었다. 철학은 의구심으로 비춰졌고 그리스 철학자들의 사상은 처음에는 기독교 믿음에 순응하지 못하는 것으로 여겨졌다. 교회는 실질적으로 학문을 독점했지만 일부 기독교 사상가들은 특히 플라톤과 아리스토텔레스의 그리스철학 요소를 도입했다. 교회 권위자들이 면밀히 살펴본 뒤에 그리스철학의 상당수가 차츰 교리로 통합되었다. 로마제국 말기부터 15세기에 이르기까지 두드러진 기독교 철학이 발전했고 아우구스티누스를 시작으로 토마스 아퀴나스에 이르러 철학이 집대성되었다. 그러나 르네상스 시대에 인본주의 관점이 다시 대두되면서 교회 권위자들, 특히 교황직이 위태로워졌다. 과학적 발견이 종교적 핵심인 믿음과 모순되고 인쇄의 발달로 교회는 더 이상 정보를 통제하지 못하게 되었기 때문이다.

/ Christianity and philosophy

믿음과 이성의 조화

최초의 주요 기독교 철학자는 히포 출신 아우구스티누스다. 어머니가 기독교인이었지만 아우구스티누스는 처음에 종교를 받아들이기를 거부하고 철학을 공부했고, 한동안 페르시아의 마니교에 빠졌다. 그 직후 그리스철학을 공부하면서 특히 플라톤과 플로티누스의 '신플라톤주의'에 심취해 개종했다.

당연히 기독교에 대한 그의 접근법은 철학을 바탕으로 한다. 아우구스티누스는 이 두 가지가 조화를 이룬다고 믿었다. 기독교는 믿음을, 철학은 추론을 따르지만 종교와 이성은 양립할 수 있고 상호 보완적이라는 것이다. 그는 기독교가 신학 체계에 합리적인 토대를 제공하려면 중심 믿음에 모순되지 않는 플라톤 철학을 받아들여야 한다고 제시했다. 기독교가 로마제국의 공식 종교로 채택된 시기에 그는 신플라톤주의 사상에서 영감을 얻은 저서 『신국론』을 통해 세속적인 공동체의 일원이자 동시에 하느님의 왕국인 영원하고 진정한 세상에 사는 것이 가능하다고 설파했다.

/ Reconciling faith and reason

성 아우구스티누스는 서양철학과 기독교의 발전에 있어서 핵심 인물이다.

하느님의 존재: 목적론적 논증

중세 기독교에서 반복되는 쟁점은 하느님의 존재를 철학적, 이성적으로 입증할 수 있느냐는 것이다. 교회에서는 이를 믿음의 문제로 치부하지만 철학이 종교와 결합하면서 이성적으로 타당한 이유를 찾게 되었다. 하느님의 존재에 대한 여러 논쟁이 벌어졌고 그중에는 목적론적 논증이라고 불리는 것도 포함된다. 주변 세상을 살펴보면 규칙의 증거를 볼 수 있다는 추론이다. 모든 것이 목적에 맞게 드러나도록 고안되었고 모든 것에 목적이 있다면 그것을 설계한 인물, 즉 하느님이 존재한다는 것이다. 이 논쟁은 플라톤과 아리스토텔레스의 사상에서 발전한 것으로 아우구스티누스와 토마스 아퀴나스 같은 기독교 철학자들뿐 아니라 이슬람 철학자인 아베로에스(p.160)에게서도 찾을 수 있다. 후에 철학자들이 이 문제에 도전하면서 목적에 대한 개념에 의문을 제기하고 이를 원인으로 바꾸었고 과학의 발전, 특히 진화론이 나오면서 이 논쟁을 반박하는 데 도움을 주었다.

윌리엄 블레이크의 〈옛적부터 계신 이〉는
하느님을 우주를 설계한 전지전능한 모습으로
묘사했다.

악의 문제

　기독교 철학자들은 신 존재를 입증하기 위해 이성적인
논쟁을 추구하면서 그와 반대되는 부분도 다루고자 애썼다.
그중 가장 강력한 것은 에피쿠로스가 제시한 악의 존재에
대한 의구심이다. 에피쿠로스는 역설에 따라 질문한다.
'신이 악을 막을 의지가 있지만 가능하지 않다면? 그렇다면
전능하지 못한 것이다. 가능한데 그럴 의지가 없다면?
악의적인 것이다. 신이 의지도 있고 가능하다면? 그런데 왜
세상에 악이 존재하는 것일까? 신이 의지도 없고 가능하지
않다면? 그런데 왜 하느님이라고 불러야 하는가?'
　최초의 기독교 철학자인 아우구스티누스는 이 역설에
대해 신이 우리에게 선과 악 중에서 선택할 수 있는 자유를
주었다고 반박했다. 신은 모든 것의 창조주이지만 악을
창조한 것은 아니며 악은 결핍, 즉 합리적 인간 아담이
선악과를 따 먹으면서 생겨난 선의 결함에서 유래한다고
주장했다. 따라서 악은 신이 우리가 선택한 자유의지에 대한
대가로 내린 것이다. 물론 그 자체로 신의 전능함에 더 많은
질문이 제기된다.

존 밀턴의 『실낙원』은 타락 천사인 사탄의 이야기를 통해 악마와 자유의지를
탐구한다.

자유의지 대 결정론

기독교에 따르면 신은 아담에게 금단의 열매를 따 먹을 것인지 선택할 자유를 주었다. 신은 전능하지만 우리에게 행동을 결정할 자유를 준 것이다. 또한 신은 모든 것을 다 알고 있다. 우리가 어떤 선택을 할지 알고 있다면 우리의 행동은 미리 정해진 것인데 그것을 자유의지라고 부를 수 있을까? 기독교 철학자 보에티우스는 이 질문에 신이 미래의 행동을 알고 있다고 해도 우리가 선택을 하는 자유를 막을 수 없다고 설명한다. 신은 예지할 수 있지만 우리 생각과 행동을 통제하지 않는다.

이 문제는 철학자들 사이에서 계속 다루어져 왔다. 한쪽에서 이것은 일어나는 모든 일이 조건에 의해 결정되니 다른 것은 일어날 수 없다는 결정론으로 발전했다. 다른 한편 자유주의적 관점에서는 우리가 행동을 직접 선택하기에, 자유의지와 결정론은 양립할 수 없다고 말한다. 그 중간에 있는 사람들은 선택은 정해져 있지만 결정은 스스로 내린다고 믿는다. 우리는 스스로 해야 하는 일을 직접 선택할 자유가 있다는 것이다.

/ Free will vs determinism

철학의 위안

서기 524년 경 로마의 철학자 보에티누스가 반역죄에 대한 형 집행을 기다리면서 쓴 『철학의 위안』은 자유의지에 관한 문제를 제시한다. 그는 자신의 철학을 의인화해서 대화 형식으로 풀었고, 철학은 지혜를 통해 그를 위로해 주었다. 이들은 덕, 정의, 인간의 본성에 대해 논의하고 자유의지와 운명에 대해서도 이야기했다. 이는 고대 그리스 철학자들이 고심했던 것과 같은 주제다.

보에티우스가 기독교인이었기에 이 책은 종교적인 문제를 상당히 비중 있게 다루었지만 그가 종교가 아닌 철학에서 위안을 얻었다는 점이 특히 중요하다. 이 시기 기독교는 철학적 사상을 교리로 융화하기 시작했고 아우구스티누스와 보에티우스와 같은 철학자들이 고대 철학의 종식과 새 시대의 시작을 알렸다. 기독교에 철학의 자리가 생겨났다는 것은 곧 보에티우스의 작품이 중세와 르네상스 시대에 걸쳐 지속적으로 영향을 미쳤다는 점을 입증한 셈이다.

『철학의 위안』 채색 사본에 보에티우스와 그의 제자들이 묘사된 모습이다.

스콜라철학과 도그마

가톨릭교회는 중세 유럽에서 상당한 사회적·정치적 권력을 행사했고 학문에 대한 접근도 통제했다. 교회에서 교육이 이루어졌기에 기독교 교리를 필수적으로 가르쳤으며, 도서관과 대학 역시 교회가 세웠고 모두가 수도원의 규정을 따랐다. 수도사들은 많은 고대 문서를 보존하고 번역했는데, 대부분 그리스철학으로 후에 이슬람 학자들로부터 얻은 사료도 있었다. 스콜라철학은 신학을 가르치고 그 내용을 변증법적 추론으로 면밀히 살폈다. 성직자와 학자 들은 플라톤과 아리스토텔레스가 발전시킨 추론 방식을 활용해 기독교 교리와의 순응성을 따졌다. 아우구스티누스와 토마스 아퀴나스를 포함한 철학자들의 이론 역시 살피며 기독교의 도그마를 옹호하는지 이단으로 분류할 것인지 결정했다. 스콜라철학은 철학 사상을 기독교와 통합하는 데 중요한 역할을 했고 기독교 교육과 신학의 뚜렷한 기풍으로 남아 있다가 르네상스 시대에 인본주의 사상으로 대체되었다.

아벨라르와 보편

피에르 아벨라르는 엘로이즈와 정사 사건과 비밀 결혼으로 널리 이름을 알렸고 이 일로 학자로서 명성에 종지부를 찍게 되었다. 스캔들에 가려졌지만 그는 11세기 기독교 사상가 중에서 가장 영향력이 큰 인물이다. 아벨라르는 중요한 스콜라 학파 철학자로 아리스토텔레스 논리학에 정통했다. 그는 아리스토텔레스의 엄격하고 체계적인 특성을 공유했고 기독교에 흡수된 플라톤주의에 대해 의구심을 보였다. 플라톤의 이데아론을 토대로(p.72) 했다고 널리 알려진 실재론은 예를 들어 수레국화와 바다의 '파란색' 같은 공통적인 특질들이 '보편'으로서 독립적으로 존재한다고 주장한다. 반면 아벨라르는 공통적인 특질이 특정한 상황에 내재한 것이라는 아리스토텔레스의 관점을 받아들여 보편은 실체가 아닌 개념으로 우리의 생각 속에 존재한다고 주장했다. 개념론으로 알려진 그의 철학은 처음에는 반대에 부딪혔지만 아리스토텔레스와 플라톤의 사상을 기독교 교리로 융합하는 운동을 이끌었다.

오렌지, 공, 지구 모두 보편적으로 '원형'이다.

신의 존재: 존재론적 논증

스콜라철학의 대두와 함께 기독교가 아리스토텔레스의 논리를 포용하면서 11세기에 종교와 이성적 논쟁을 결합하는 분야에 다시금 흥미가 대두되었다. 스콜라철학 운동의 창시자 중 한 사람은 성 안셀무스로 신을 두고 존재론적 논쟁을 벌인 것으로 유명하다.

안셀무스는 우리에게 가장 완벽한 존재를 상상해 보라고 요구한다. 그런 존재가 실재하지 않는다면 그 존재는 가장 완벽할 수 없고 존재하는 완벽한 것보다 열등할 것이다. 따라서 가장 완벽한 존재는 반드시 존재하며 안셀무스의 말을 빌자면 '그건 바로 신이고 그보다 더 위대한 존재는 있을 수 없다.' 논리적 주장이라면 이 말에는 결함이 있다. 마르무티에의 가우닐로Gaunilo of Marmoutiers와 같은 당대 철학자는 그런 식이라면 모든 존재를 입증할 수 있다고 반박했다. 이후 등장한 철학자들 중 토마스 아퀴나스와 임마누엘 칸트는 이 논쟁이 하느님의 본질에 대한 사상을 드러내고 있지만 실존에 대한 증거를 제시해 주지 못한다고 설명했다.

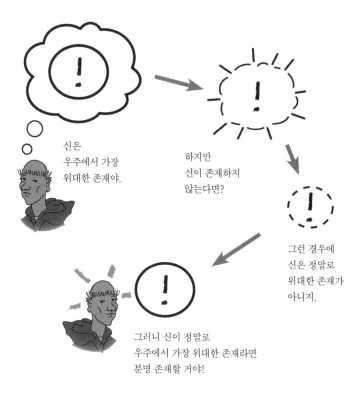

신은
우주에서 가장
위대한 존재야.

하지만
신이 존재하지
않는다면?

그런 경우에
신은 정말로
위대한 존재가
아니지.

그러니 신이 정말로
우주에서 가장 위대한 존재라면
분명 존재할 거야!

파스칼의 내기

오늘날 사람들은 신 존재를 논리적으로 입증할 수 없다는 점과 이는 순수하게 신념의 문제라는 부분에 보편적으로 동의한다. 그러나 이 주제에 대한 철학적 관점은 계속해서 '이성의 시대'로 이어져 왔다. 17세기 수학자 블레즈 파스칼이 이 문제를 다루었다. '파스칼의 내기'는 우리가 하느님의 존재를 입증할 증거가 없으니 하느님을 믿어야 할지 여부를 살피는 편이 더 낫다고 말한다. 파스칼은 결과론적 관점에서 장단점을 다루었다. 신이 존재한다면 그의 존재를 부정했으니 영원히 지옥에서 살 위험에 처한다. 신이 존재하고 그 사실을 인정한다면 천국에서 영원한 삶을 누릴 것이다. 하지만 신이 존재하지 않는다면 아무런 차이도 생기지 않는다. 그러니 신의 존재를 믿는 편이 더 안전하다. 이처럼 파스칼의 내기는 논리와 초보적인 게임 이론을 흥미롭게 활용하고 있지만 아주 위태로운 전제를 바탕으로 하고 있다. 우리는 신이 자신을 믿는지의 여부에 따라 사후를 결정하리라는 점을 알고 있고 신도 마찬가지로 이성적인 존재이기에 천국과 지옥 또한 존재한다고 본다.

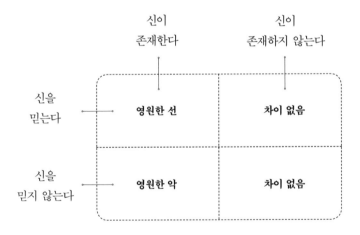

토마스 아퀴나스

중세 기독교 철학자 중 가장 위대한 인물인 토마스 아퀴나스의 주요 업적은 상당히 모순적으로 보이는 플라톤과 아리스토텔레스의 철학을 통합하고 이들을 기독교 교리로 결속할 수 있다는 점을 보여 준 것이다. 플라톤이 이데아론에서 보여 준 우주에 대한 관점에서〔p.72〕그는 사물의 본질이라고 부르는 생각을 발전시켰다. 그에 따르면 이는 존재와 구분된다. 예를 들어, 용의 본질적 특성을 설명하는 것은 가능하지만 여전히 존재를 부정할 수 있다. 아퀴나스는 하느님이 자신의 목적에 따라 만물을 창출했기에 사물의 본질은 그 존재보다 선행한다고 주장했다. 하지만 또한 우리의 마음이 백지와 같아서 감각을 통해 지식을 습득한다는 아리스토텔레스의 주장을 받아들였다. 그는 이런 사상을 종교에 대한 의구심과 구별할 때 신중을 기하며, 두 가지가 양립할 수 있다고 보았다. 이성적 설명은 우리가 세상을 바라보는 방법에 비중을 두지만 우리는 여전히 신이 세상을 창조한 것이라고 믿을 수 있다. 이런 사상이 기독교에서 용인되기까지는 시간이 걸렸다.

신의 존재: 우주론적 논증

토마스 아퀴나스는 본질과 실존에 대한 자신의 사상을 활용해 안셀무스의 존재론적 논증(p.134)을 반박했다. 그는 한층 더 강한 논쟁인 우주론적 논쟁을 제시했는데 이는 아리스토텔레스의 원인론(p.86)에서 비롯된 것이다. 간단히 설명하자면 우주가 존재하게 된 원인이 분명 있을 것이며 제1원인은 바로 우리가 지칭하는 신이다. 아퀴나스는 우주가 분명 존재하지만 다른 상황에서 보자면 존재하지 않을 수도 있다고 설명한다. 따라서 존재는 원인의 여하에 달려 있다. 그 원인이란 존재하지 않는다고 할 수 없는 어떤 것이어야 하며, 다른 어떤 것의 여하에 달려서도 안 된다. 즉 원인 없는 원인이어야 한다. 그것이 바로 우리가 신이라 이해하는 존재라고 아퀴나스는 말한다. 우주론적 논증은 철학적인 문제를 제1원인, 비원인, 원인으로 나누어 살핀다는 점에서 과학의 빅뱅 이론과 상당히 비슷하다. 그러나 비원인의 가능성을 부정하는 반박은 무한 후퇴(p.36)라는 또 다른 어려운 문제가 개입하게 만든다.

자연법

기독교 철학자들은 도덕철학을 그리스도의 가르침을
설명하는 용도로 활용했지만 이를 정치철학에 적용할 때,
인간이 만든 법이 신의 법과 어떻게 양립할 수 있는지를
두고 의구심을 가졌다. 아우구스티누스는 『신국론』(p. 120)을
통해 이 문제를 제기하면서 세속적인 사회와 신의 왕국을
플라톤의 세계와 이데아의 관계와 비슷한 방식으로
비교했다. 이 생각을 이어받아 토마스 아퀴나스는 인간의
법이 신의 영원한 법과 분리되어야 한다고 제안했지만 신의
법의 일부인 인간의 행동, 도덕, 덕을 토대로 한 자연법이
존재한다고 주장했다.

자연법에서 중요한 부분은 '정당한 전쟁'에 대한 개념이다.
기독교(와 많은 다른 종교들)는 평화주의를 주장하지만
정치적으로 가끔 전쟁이 필요하다. 신의 법칙에 모순되지
않도록 아퀴나스는 자연법이 심판하는 전쟁이 있을 수
있다고 주장했다. 아우구스티누스의 이론에 입각해 그는
정당한 전쟁의 요건이 세 가지가 있다고 지적했다. 합당한
의도, 원인, 군주의 권한이 수반되어야 한다는 것이다.

작위와 부작위

보편적인 용례에서 '윤리'란 우리 행동의 도덕성을
판단하는 방법을 지칭한다. 무언가를 판단할 때 우리는
행동을 두 가지로 분류한다. 하나는 그 행동으로 인한
결과이고 다른 하나는 그 행동을 한 사람의 의도다. 결과의
심각성이 즉각적인 반응을 불러일으키는 반면, 조금 더
생각하면 우리는 의도가 도덕성을 결정하는 데 중요한
역할을 한다는 사실을 깨닫는다. 도둑질이 치명적인 실수를
저지른 사람보다 도덕적으로 더 비난을 받아야 할까? 도덕적
판단은 의도와 결과가 모두 나쁠 경우 간단하지만, 좋은
의도인데 안 좋은 결과가 나타났거나 적어도 나쁜 의도는
없었을 경우에는 판단이 어렵다.

선택을 해야 하는 경우 더 큰 딜레마가 생긴다. 간혹 '더 큰
선의'를 위해 희생을 하기도 한다. 한 사람의 목숨을 희생해
여러 사람을 구하는 것이 그 예다. 하지만 항상 결과로 수단을
판단할 수 있을까? 분명한 행동과 어떤 일이 일어나도록
내버려 두는 것 사이에 도덕적 차이가 있을까?

달리는 기차가 ① 폭주하면서 마지막 지점을 향해 달린다. ② 철도 신호원은 작업자들을 보호하기 위해 기차가 우회하도록 조작해야 할까? ③ 아니면 아무런 조치도 취하지 않아서 기차가 궁극적으로 역에 부딪혀 더 많은 사람이 죽게 된다면 ④ 도덕적으로 과실이 덜한 것일까?

유명론

플라톤 철학이 아우구스티누스 시대부터 기독교
윤리 속에 제대로 자리를 잡았기에 아리스토텔레스의
상반되는 사상이 도입되기까지 일부 장애가 있었다.
스콜라 철학자들은 엄격한 아리스토텔레스의 방법론을
채택했지만 우주의 문제에 대한 그의 관점(p.132)은 교회의
가르침에 모순된다고 보았다. 피에르 아벨라르는 자신의
개념론(우주는 마음속에만 존재한다는 사상)에 입각해 실재론(우주는
실재하며 독립적으로 존재한다는 사상)에 도전한 최초의 철학자다.
둔스 스코투스와 오컴과 같은 13세기 철학자들은 이
논쟁을 더 발전시켜 우주는 실제 세상의 사물의 특성을
언급하는 경우를 제외하고는 전혀 존재하지 않는다고
주장했다. 아퀴나스의 종합(p.138)과 달리 이 '유명론'은
실재론에 정면으로 모순되었다. 기독교 철학은 이 문제를
두고 플라톤과 아리스토텔레스의 견해 차이로 나뉘었고
이 구분은 르네상스를 넘어 대륙의 합리주의자와 영국
경험주의자 들 사이에서도 계속 유지되었다.

Jean DUNS dit SCOT.
Homme le Docteur Subtil Religieux de
l'ordre de St Francois né en Ecosse et
mort a Cologne en 1308 agé de 35 ans.

둔스 스코투스는 우주를 실제 세상 사물의 특성을 묘사하는 형용사로 사용했다.

오컴의 면도날과 뷔리당의 당나귀

오컴은 과학적인 주제와 논리뿐 아니라 철학과 신학에
관해서도 광범위한 글을 썼다. 그는 신념의 문제와 현재
과학이라고 부르는 주제 사이의 구분을 명확히 했지만 결국
이단으로 교회에서 제명당했다. 아리스토텔레스의 영향을
많이 받은 오컴은 이성적인 논쟁의 토대로 관찰과 경험적
증거를 활용해야 한다고 믿었고 이것이 후에 '과학적인
방법'이 되었다.

오컴은 오컴의 면도날이라는 원칙으로 가장 잘 알려져
있다. 무언가를 설명하는 두 가지 대안이 있다면 모든 것이
동일하다고 가정했을 때 단순한 설명이 더 정확하다는
것이다. 그러니 불필요한 가정을 '잘라내고' 원인, 요인,
변수가 적은 쪽의 설명을 선택해야 한다. 오컴의 제자인 장
뷔리당은 대안 사이의 합리적인 선택에 관한 다른 역설로
이름을 알렸다. 뷔리당의 당나귀는 배고픈 당나귀를 똑같이
매력적인 건초 더미 사이에 세워 두는 실험이다. 당나귀는
어느 쪽도 선택할 수 없어 결국 굶어죽고 만다.

동일하게 확신할 수 있는 두 가지 선택에 직면했을 때 우리는 어느 쪽을 고르건 간에 차이가 없다는 사실을 알기에 아무것도 선택하지 않는 위험에 처한다.

무지의 지

아리스토텔레스의 방법론적, 경험주의적 철학은 중세 시대
말에 이르러서야 점차 기독교에 통합되었다(p.146). 문제가
된 부분은 아리스토텔레스의 접근 방식인데, 감각을 증거로
활용하고 논리적인 추론에 기대는 방식이 너무 세속적이라
신비로운 종교적 요소에서 벗어난다는 것이다. 이와는
다른 사상으로 우주라는 완벽한 세상에 대한 실재론은
삼위일체와 같은 기독교의 개념에 더 잘 들어맞았다. 이처럼
아리스토텔레스의 과학에 가까운 접근 방식에 대한 반발로
일부는 플라톤의 사상에 집착했다. 니콜라우스 쿠자누스는 이
사상을 더 발전시켜 소크라테스를 연상시키는 '무지의 지'를
제안했다. 그에 따르면 우리의 지식은 모든 것에 앞선 '유일한
자', 혹은 '선', 그리고 하느님에서 비롯된다. 그러므로 인간의
마음가짐으로 하느님의 지식을 깨닫기란 불가능하다. 우리는
이성을 활용해 하느님을 알지 못한다는 사실을 인식하고
이 '무지의 지'를 활용해 하느님을 이해하고자 하는 신성한
마음가짐으로 나아가야 한다는 것이다.

에라스뮈스와 인본주의

  15세기 말에 이르러 정치권력은 로마 가톨릭 교회에서
세속적인 민족국가로 옮겨갔다. 신학에 대한 지식인들의
흥미가 감소했고 이들은 세속적인 문제에 더 많은 관심을
쏟았다. '인본주의'에 대한 새로운 관심은 교회 내부에도
영향을 미쳤다. 중세 스콜라철학은 기독교 신학과 합리적인
철학적 사고를 통합하고자 애썼지만 이 두 가지가
분리되어야 한다는 생각이 팽배했다. 철학은 이성을 기반으로
하고 종교는 신념을 기반으로 하기 때문이다.

  그러나 네덜란드의 철학자 데시데리위스 에라스뮈스는
개인에 중점을 둔 인본주의에 동조해 개인과 신의 관계가
가톨릭 교리보다 더 상관성이 높다고 주장했다. 그는 기독교
교리에서 강조하는 단순함의 가치, 순수함, 겸손함은 인간의
근본적인 특성이라고 말했다. 그리고 철학에서 논의하는
지식은 그리스도가 몸소 보여 주는 '훌륭한 삶'으로 가는
장애가 되며 종교적 신념에 방해가 된다고 주장했다.

종교개혁: 권위의 잠식

유럽 전역에 르네상스의 인본주의가 전파되면서 교회의
권위가 점차 흔들리기 시작했다. 새로운 세속 통치자 및
정부의 등장과 과학적 발견이 가톨릭 도그마와 모순되면서
교황의 권위가 도전을 받게 되었다. 그렇지만 교회 외부의
압력이 변화의 유일한 원인은 아니었다. 북유럽에서는 많은
사람들이 교회가 부패하고 시민들로부터 동떨어져 있다고
생각했다. 1517년 마르틴 루터가 성직자의 면죄부 남용에
항의하는 『95개조 논제』를 발표하면서 시대의 징후를
반영하듯 종교개혁이 일어났고 교회가 분리됐다. 인쇄술의
발명으로 정보 통제의 권한이 교회의 손에서 벗어났고 중세
스콜라철학이 잠식하던 시대에 종말이 찾아왔다. 새로운
인본주의 사상은 처음에는 르네상스라는 문화와 예술
운동으로 구현되었지만 과학과 철학에도 비옥한 토대를
제공해 근대 철학과 과학의 시초가 된 18세기 '이성의
시대'를 열게 해 주었다.

루터의 『95개조 논제』 중 일부

철학과 이슬람교

7세기 무함마드가 세운 이슬람교는 아라비아에서
아시아로, 아프리카 북부에서 스페인 남부 지방까지
급속도로 퍼졌다. 이슬람 제국은 크기나 영향력 면에서
유럽 기독교와 어깨를 나란히 했고 안정성을 바탕으로
문화가 융성했다. 이슬람교의 '황금시대'는 서기
750년경부터 시작되어 이후 5세기가 넘도록 지속되었다.
이슬람교는 당대 기독교와는 달리 학문을 권장했고 종교와
이성적인 질의가 나란히 존재할 수 있다는 점을 인식했다.

과학과 철학, 신학 교육까지 받은 박식한 이슬람
철학자들은 그리스 문헌(대다수가 아리스토텔레스의 작품들)을
보존하고 번역했고 인도의 과학과 수학적인 업적도
받아들였다. 그래서 기독교 세계에서는 상상할 수 없었던
천문학, 의학, 수학, 연금술과 같은 분야가 발전했다.
두드러진 이슬람 '철학파'가 생겨났고 주요 인물인
아비센나와 아베로에스는 플라톤과 아리스토텔레스의
사상을 이슬람교의 신학에 접목했다.

아비센나와 나는 인간

이슬람의 '황금시대'에 아리스토텔레스의 철학과 과학이 번영했다. 바그다드와 다마스쿠스는 특히 지적 활동의 중심지가 되어 알킨디와 알파라비 같은 철학자 겸 과학자를 양산했다. 페르시아에서는 서양에 아비센나로 알려진 이븐 시나가 있었다. 그는 최초의 의사로 알려졌지만 또한 중요한 철학자이자 신학자이기도 했다. 아비센나는 아리스토텔레스 철학을 공부했지만 플라톤의 사상을 비롯해 우리가 살고 있는 세계와는 별도로 무형의 범주가 존재한다는 이원론의 영향도 받았다. 그는 이원론적 사상을 더욱 발전시켰고 신체와 정신에 반응하는 우리의 감각과 이성도 마찬가지로 분리된다고 주장했다. 그는 자신의 주장을 눈을 가리고 공중에 떠서 모든 감각을 효과적으로 끌어내는 '나는 인간'의 이미지로 표현했다. 감각을 통해 어떤 정보도 얻을 수 없고 물리적인 물질도 없지만 그는 여전히 '자아' 혹은 '영혼'이 존재한다는 사실을 안다. 몸과 마음은 공존할 수 있지만 별개다. 마음과 영혼은 무형의 범주에 속하기에 물리적인 신체가 기능을 다해도 없어지지 않는다.

/ Avicenna and the flying man

아베로에스

11·12세기에 아리스토텔레스의 사상을 받아들인
아비센나의 신플라톤주의가 이슬람의 주요 철학이 되었지만
반발이 없는 것은 아니었다. 알가잘리와 같은 강경파
신학자들은 아리스토텔레스주의를 쿠란에 반하는 것으로
보았다. 그의 이의 제기는 역설적으로 이슬람 철학에
아리스토텔레스의 영향력을 강화하는 계기가 되었다.

알가잘리의 확고한 반대자는 이슬람권 남부 이베리아 출신
이븐 루쉬드(Ibn Rushd, 라틴어 이름 아베로에스)였다. 그는 알가잘리의
논지를 반박하면서 플라톤에게 영감을 받은 아비센나의 사상
상당수 역시 반대했다. 아리스토텔레스의 실증적, 합리적
접근 방식을 옹호하며, 그는 종교와 철학이 양립할 수 없다는
것은 말이 안 된다고 주장했다. 쿠란은 시적, 은유적 진실을
전하기에 철학적 추론으로 해석할 수 있다는 것이다. 그는 이
과정을 적절하게 교육 받은 학자만이 행할 수 있다고 믿었다.
이 생각은 역설적이게도 플라톤과 비슷하다. 아베로에스
사상은 논란이 있지만 번역된 작품은 중세 스콜라철학에
지대한 영향을 미쳤다.

이슬람이 서양철학에 끼친 영향

이슬람 철학은 그리스 전통에서 크게 발전했고
아베로에스와 아비센나 같은 철학자들이 플라톤과
아리스토텔레스의 사상에 자신들만의 해석을 더했다.
이들 철학자들 중 상당수가 주요 이슬람 도시의 대학과
도서관에서 일했다. 대표적으로 고대 문서들이 보존되고
번역되었던 '지혜의 집'이라고 불리는 바그다드의 바이트
알 히크마를 들 수 있다. 기독교에서 그리스 전통을 이단
철학으로 보던 것과는 사뭇 대조적인 상황이다. 그러나
11세기에 들어 기독교가 예루살렘을 정복하면서 시칠리아와
일부 이슬람권 스페인 영토에는 두 문화가 접목되기
시작했다. 고대 문헌과 이슬람 해석을 볼 수 있게 되면서
유럽 학자들은 이를 라틴어로 옮겼다. 고대 사상을 새롭게
파악하면서 기독교 유럽 사회에서 철학에 대한 관심이
다시금 높아졌고 특히 아리스토텔레스의 사상이 철학 운동의
기반이 되었다(p. 130). 마찬가지로 영향력을 인식하기까지는
시간이 좀 더 걸렸지만 이슬람의 과학과 수학적 사상을 알 수
있게 되는 중요한 계기도 마련되었다.

이슬람 문화를 번영하게 한 그리스의 수학, 과학, 철학적 지식은 11세기까지
유럽에는 거의 알려지지 못했다.

르네상스, 이성, 혁명

1천 년간의 통치가 끝난 뒤 가톨릭 교회는 르네상스 시대 유럽 문화와 지식인의 삶에서 지위를 잃었고 철학자들이 한층 인본주의적인 본질을 탐구하게 되었다. 새로운 세속 권력이 등장하면서 정치철학에 대한 관심이 다시 높아졌다. 동시에 과학('자연 철학'이라는 이름으로)이 점진적으로 권위를 주장하게 되었다. 1543년 니콜라스 코페르니쿠스가 제시한 지구가 우주에 가만히 서 있지 않다는 주장은 기독교 도그마를 뒤집는 과학혁명의 시발점이 되었다. 이후 갈릴레오와 프랜시스 베이컨 같은 과학자들의 연구를 통해 한층 체계적인 이론이 생겨나면서 과학과 철학 모든 부분에 영향을 미쳤다. 이런 현상은 17세기와 18세기 이성의 시대 혹은 계몽주의 시대로 이어졌고 현대적인 철학을 위한 위대한 사상이 많이 탄생했다. 유럽 중부에는 합리주의가, 영국에서는 경험주의가 부흥했으며 근대적인 민주정치의 토대가 되는 정치철학도 생겨났다.

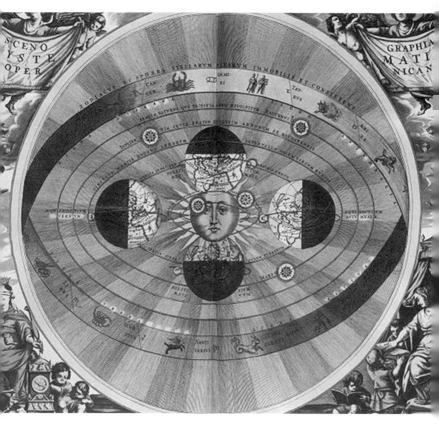

코페르니쿠스의 지동설은 교회의 권위를 무너뜨리고 과학혁명의 신호탄이 되었다.

르네상스 인본주의

14세기 피렌체를 시작으로 르네상스는 1천 년간 가톨릭 교회에 점유되었던 유럽에 고대 그리스와 로마 문화를 '부활'시켰다. 고대 서적들의 재발견과 신보다 인간을 우위에 두는 움직임이 시선을 사로잡았다. 코페르니쿠스, 갈릴레오, 케플러가 우주의 체계를 이해하고자 노력한 반면(최초의 철학자들이 했던 고민이다), 베살리우스와 레오나르도 다빈치는 세심하게 인체를 탐구했다. 르네상스는 주로 문화와 예술 운동이었지만 인본주의에 대한 강조가 정치 사상에 영향을 미쳤고 피렌체와 베네치아와 같은 도시 공화국의 출범에도 일조했다. 이곳에서 르네상스 사상이 융성했고 인쇄 기술과 무역의 발달로 중세 봉건제도가 타파되었다. 인본주의는 이후 철학에 엄청난 영향을 미쳤지만 마키아벨리와 교회 개혁론자들 같은 정치철학자들을 제외하고는 당시 철학보다는 과학에서 중요한 역할을 했다.

마키아벨리와 정치적 현실주의

피렌체는 르네상스 시대 문화 운동이 발발한 곳으로 널리 알려졌지만 최초의 이탈리아 공화국이자 교회와 도시국가 간의 긴장이 지속되어 정치적 속임수가 빈번한 곳이기도 했다. 이런 배경에서 최초의 근대적이고 세속적인 정치철학자인 니콜로 마키아벨리가 나타났다. 그의 저서 『군주론』은 표면상 권력을 얻고 활용하는 방법을 다룬 지침서로 정치에 대한 실질적인 묘사도 담고 있다.

마키아벨리는 개인의 도덕성과 통치자와 국가의 편의를 구분하면서 이상적인 정치 사회를 이론화하는 일은 성과가 없다고 주장했다. 그에 따르면 통치자는 필요할 경우 항상 폭력과 속임수를 활용해 비도덕적으로 행동할 준비가 되어 있어야 한다. '얻어야 할 결과를 생각하는 것이 실행하는 방법을 고민하는 것보다 더 중요하다.' 그러나 마키아벨리는 뼛속까지 공화주의자였고, 『군주론』은 프랜시스 베이컨의 말을 빌자면 '사람이 할 일이지만 꼭 해야 하는 일은 아닌 것'을 풍자하는 책이라고 볼 수 있다.

결과와 수단

　마키아벨리의『군주론』속 정치적 현실주의에 내포된 메시지 중 하나는 '결과가 수단을 정당화한다'이다. 이 말은 정치철학에서 중요한 부분으로 도덕철학에도 직접적인 영향을 미쳐 의도나 목적보다는 결과로서 행동의 도덕성을 판단하게 해 주었다. 르네상스 시대 인본주의에서 도덕적으로 올바른 행동은 더 이상 종교적 권위에 따르는 것이 아니며 선과 악에 대한 사상도 기독교 교리에서 설명하는 것처럼 극단적이지 않다. 정치철학은 이와 마찬가지로 사회에 대한 이상적인 체계를 토대로 하지 않는다. 결과가 행동의 타당함을 판단하는 토대가 된다는 생각인 결과주의가 르네상스 시대부터 계몽주의 시대에 이르기까지 도덕철학에 만연한 접근 방식이 되었고 18세기 후반과 19세기 초 공리주의에도 영향을 미쳤다(p.250). 그러나 임마누엘 칸트가 도덕철학 체계에 의무론적 윤리를 제안하면서 도덕적 판단의 기준이 결과에서 동기와 의도로 옮겨 가게 되었다.

/ Ends and means

1945년 연합군이 원자폭탄을 투하한 행위는 제2차 세계대전을 빨리 끝내기 위한 의도라고 보아야 할까?

도덕적 행운

　근대 철학자들은 결과나 의도에 따라 행동의 타당함을
판단하는 문제를 두고 고민했다. 우리가 어찌할 수 없는
상황이 행동의 결과에 극적으로 영향을 미칠 수 있다. 좋은
의도를 가지고 행한 일이 엉망인 결과를 초래할 수 있기에
도덕성을 판단하는 일은 쉽지 않다. 일례로, 분명 해가 없어
보이는 장난이 부상으로 이어질 수도 있고 논란이 되는
이기적인 행동이 의도치 않게 타인에게 도움을 주기도 한다.
우리는 또한 노예 소유주들의 비인간적인 행태처럼 우리가
같은 상황에 놓였다면 어떻게 행동했을지 알지 못하는 다른
상황에서 온 결과를 두고 비난할 수도 있다.

　도덕적 판단은 단순한 결과 혹은 동기를 평가하는 것보다
한층 복잡한 문제로 다음과 같은 의문을 불러일으킨다. 그
행동이 좋거나 나쁘다고 결정을 내릴 때 고려할 부분은
무엇인가? '도덕적 행운'과 같은 요소가 개입되었나? 행운이
따르지 못한 것이 나쁜가, 아니면 불행이 나쁜 결과를 가져온
것인가?

음주 운전으로 사망 사고를 낸 운전자는 똑같이 술을 마셨지만 사고를 내지 않은 운전자보다 도덕적으로 더 타락한 사람인가?

베이컨과 과학적 방법

유럽 사상 속에 이슬람의 '황금시대'가 남긴 유산 가운데
일부는 아리스토텔레스 철학의 관찰, 분석, 분류 방식을
토대로 한 풍부한 과학 연구로 특히 의학과 연금술 같은
분야의 실험에 있어서는 두드러진 이슬람 전통을 보여
준다. 르네상스 시대 유럽 과학자들은 이런 원칙을 채택해
천문학, 수학, 생명 공학에 엄청난 진보를 이끌어냈다.
그러나 분기점은 17세기 초 프랜시스 베이컨의 『신기관Novum
Organum』으로부터 시작되었다. 이 영국 철학자는 단순히
전통을 이어가는 것이 아니라 과학적 질의 방식 자체를
살피고 한층 체계적인 접근법을 제시했다. 베이컨은 관찰의
과정, 즉 자료를 축적하고 분석하며 가설을 세우고 중요한
실험을 통해 이를 확인하는 방식을 옹호했다. 일련의
사례에서 일반적인 규칙을 도출하는 추론 과정은 근대
과학적 실천의 토대를 형성했으며 증거를 강조하는 베이컨의
방식은 또한 영국의 경험주의 운동〔p. 212〕에 영향을 미쳤다.

베이컨의 역작 『신기관』의 표지

자연 상태

문화가 융성한 것과 더불어 르네상스 시대 유럽은 새로운 정치적 질서를 찾아 중세 봉건제를 대체하려고 노력했다. 독립적인 도시국가인 공화국과 군주 국가가 출현했고 이들 정부들을 어떻게 통치할 것인지 관심이 다시금 높아졌다. 영국에서는 내전으로 군주제가 타파되었지만 의회의 동의를 얻은 공화파의 짧은 '입헌군주제' 이후 다시 군주제로 돌아갔다. 이 혁명적인 시기에 토머스 홉스는 『리바이어던』을 통해 사회와 정부의 본질을 면밀히 살폈다. 끔찍한 내전의 영향으로 그는 정치적 질서가 없고 모두가 자신의 이해관계를 추구하는 무한의 자유를 지닌 '자연 상태'로 돌아갔다고 규탄했다. 개인은 생존을 위해 끊임없이 타인과 전투를 벌이고 인생은 '고독하고, 열악하며, 엉망이고, 잔인하고 짧다.' 그 해결책으로 홉스는 시민사회의 형성을 들었는데 사람들이 '사회적 계약'에 동의하고 안정과 번영을 위해 군주의 통치를 따르는 것이다.

홉스의 『리바이어던』 표지에는 욥기의 구절이 적혀 있다. '하느님에게 대적할 수 있는 힘은 지상 어디에도 없다.'

사회계약

『리바이어던』에서 홉스는 법이 없는 자연 상태와
시민사회의 정치 질서를 비교했다. 이런 사회를 이룩하기
위해 그는 모든 문제에 대한 동의가 필요하다고 설명한다.
'자연권'을 포기하고 법을 만들고 집행할 수 있는 권한자에게
그 권리를 위임하는 사회적인 계약을 하는 것이다. 홉스는
비록 사회계약이 개인의 자유를 제한하지만 무법 지대의
혼란으로부터 보호해 준다고 보았다. 홉스는 권한은 한
사람에게 주는 것이 이상적이라고 주장했으며 군주 혹은
심지어 독재자라도 통치자가 있는 편이 혼란스러운 사회를
만드는 것보다는 낫다고 말했다.

다른 철학자들은 사회계약에 대한 생각을 받아들였지만
군주제를 선호하는 부분은 동의하지 않았다. 인간의 본성과
권위에 대한 편견이 덜한 로크는 정부가 자율적 자유를
보호하고 시민들이 독재나 비효율적인 정부를 타도할 권리를
제공받는 조건으로 통치자에게 권한을 위임하는 한층
평등주의적인 체계를 제시했다.

시민 사회를 성립시킨 사회계약의 출현은 곧 중세 봉건제의 종식을 의미한다.

볼테르와 백과전서파

　이성의 시대에 정치철학은 18세기 프랑스에서 뚜렷한 목소리를 냈다. 홉스의 사회계약 이론과 특히 로크에게 영향을 받은 일부 프랑스 사상가들은 현재의 군주제와 귀족제를 대체하는 한층 대표적인 정부를 만들고자 노력했다. 그중에서도 백과전서파를 따르는 드니 디드로와 장 르 롱 달랑베르는 교육이 사람들로 하여금 단순히 당대의 통치를 받아들이지 않고 직접 정치에 참여하도록 만든다고 믿었다. 그들은 또한 교회와 국가를 분리하고 연설과 종교의 자유를 옹호하며 한층 더 관용적인 사회를 주장하는 볼테르에게 영향을 받았다[p. 184]. 볼테르는 스스로를 이신론자理神論者라고 생각했고 이성과 관찰이 신의 존재를 확인해 줄 것이라고 믿었지만 기존 교회에 대해서는 그리 관심을 두지 않았다. 디드로와 달랑베르는 거침없는 무신론자이자 물질주의자로 어떤 종교 권한이나 신성한 통치권도 받아들이지 않았다. 정부에 대한 그들의 비판은 공화주의로까지 나아가진 못했지만 당대의 분위기와 잘 맞아떨어졌다.

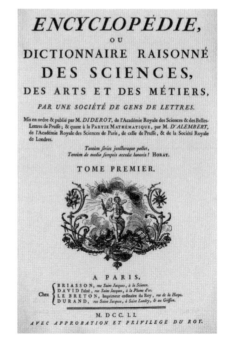

장 자크 루소

　프랑스 철학자인 장 자크 루소는 사회계약에 대한 새로운
해석을 제시했다. 그는 홉스의 사상(p.176)에 반대하며 인간은
'자연 상태'에서 자유가 주어졌을 때 근본적으로 선하지만
이 선함이 현대 문명에 의해 더럽혀졌다고 주장했다.
문명사회가 권리나 자유가 아닌 개인의 자산을 보호하려
하고 제약과 공정하지 못한 법이 불평등을 키웠다는 것이다.
루소의 대안은 일반 의지가 결정하는 법률에 따라 사람들이
직접적으로 통치하는 것이다. 이 법은 개인의 자유를
제약하기보다는 그것을 추진하는 사람들이 만든 것이다.
그러나 루소는 사람들이 자신의 진정한 의지가 무엇인지
알기 위해서는 교육을 받아야 한다는 단서를 달았다.
　상당히 전원적인 루소의 사상은 후에 낭만주의
운동(p.268)으로 이어졌고 그 전에 루소의 유명한 선언인
'사람은 자유를 지니고 태어났지만 어디를 가든 족쇄가
채워져 있다'가 프랑스혁명의 슬로건으로 채택되었다.

/ Jean-Jacques Rousseau

개인 자산과 토지 소유를 인정하지 않는 아메리카 원주민 사회가 유럽 사회보다
루소의 비전에 더 가깝다.

자유

사회계약에서 발전한 정치철학은 자유 관념을 이해하는 데 많은 도움이 되었지만 이 개념을 해석하는 방법은 다양하다. 예를 들어, 홉스는 자연 상태에서 누리는 무한한 자유가 악과 같으며 문명화된 사회에서는 어느 정도 자유를 제약하는 일이 필요하다고 보았다. 반면 로크는 사회가 자연권 속 자유를 보호해 주어야 한다고 생각했다. 볼테르와 백과전서파는 권위주의 통치로부터의 자유를 갈망한 반면 루소는 사회와 관습으로부터의 자유를 옹호했고 카를 마르크스는 후에 노동자 계층의 착취로부터의 자유(p.284)를 주장했다. 프랑스와 미국 혁명이 '자유'를 좌우명으로 쓴 반면, 19세기 영국 자유주의는 자신이 좋을 대로 행동하되 다른 사람의 자유를 침해하지 않는 것을 골자로 하는 존 스튜어트 밀의 자유 원칙을 중요시했다. 그리스 철학자들이 추구한 정의와 미덕에 대한 사상처럼 자유 역시 정의를 내리기 어렵고 20세기에 들어서 이사야 벌린을 통해 그 개념을 완전히 살필 수 있게 되었다(p.254).

18세기에 만연했던 자유를 향한 갈망이 미국 독립선언문에 서명하는 행위로 상징화되었다.

혁명: 낡은 군주제 타파

17세기 유럽에서 정치적 변화가 시작되면서 군주제와 귀족 계층의 권력에 위기가 닥쳤다. 르네상스 인본주의는 통치자의 신권에 대한 의구심을 불러 일으켰고 여러 곳에서 민주 공화국에 대한 사상이 다시 부흥했다. 자연스럽게 이들 사상은 저항으로 이어졌고 기존의 관습은 강제로 밀려나기에 이른다. 계몽주의의 첫 번째 혁명은 군주제가 폐지되고 권력이 의회로 넘어간 영국에서 발생했다. 이 정치적 권력 변화는 홉스와 로크가 사회계약론을 발전시킬 수 있게 해 주었고 그들의 정치철학은 다른 철학자들과 정치 사상가들에게 영향을 미쳤다. 프랑스에서 볼테르, 디드로, 그리고 특히 루소가 사회계약론에 매료되어 변화의 필요성을 설명했으며 미국에서는 영국인 토머스 페인이 철학을 정치 행동주의로 바꿔 놓았다. 미국과 프랑스의 혁명은 모두 계몽주의 철학에 영향을 받아 '삶, 자유, 행복의 추구'라는 상호 유사한 정치적 목표를 내걸었다.

합리주의

이성의 시대 혹은 계몽주의로 알려진 17세기와 18세기에는 종교나 관습적인 지혜를 받아들이기보다는 과학적 추론을 통한 지식이 발달했다. 이런 분위기는 유럽 대다수의 지역에서 합리주의라는 철학 사조로 등장했다. 특히 과학과 수학이 르네 데카르트와 같은 철학자들에게 영감을 주었고 그는 인간의 감각은 신뢰할 수 없기에 이성적인 사고를 통해 세상을 바라보아야 한다고 주장했다. 이런 인식론적 접근 방식은 지식을 획득하는 방법에 관한 것으로 감각 인식을 부정한 플라톤의 사상(p. 72)을 담고 있다. 데카르트의 분명한 접근 방식은 수학적 방법을 철학적 물음에 접목시켜 철학사의 전환점이 되었다. 합리주의는 스피노자와 고트프리트 라이프니츠(둘 다 위대한 업적을 이룬 수학자, 철학자다)가 열정적으로 채택했으며 유럽 본토에서 주된 철학 사조로 인정받았다. 그러나 영국에서는 같은 뿌리에서 반대되는 학파인 경험주의가 출현했다(p. 212).

수학의 순수한 추론은 17세기 합리주의의 출현에 지대한 영향을 미쳤다.

데카르트

르네 데카르트는 형이상학과 인식론적 문제를 수학적 입증을 하는 것과 같은 방식으로 접근했다. 그는 의심스러운 모든 것들을 배제한 다음 분명한 진실과 수학적 이치 등 확실한 것부터 세워 나갔다.

데카르트는 극단적인 회의론자의 관점에서 주변 세상의 모든 존재를 확신할 수 없다고 주장했고 감각이 쉽게 현혹되어 우리가 실제라고 여기는 것이 사실은 환상에 불과할 수도 있다는 가능성을 염두에 두었다. 확실한 지식 기반은 존재하지 않지만 그는 모든 것을 의심하기에 의심하기 위해서는 존재해야 한다는 통찰을 보여 주었다. 그래서 데카르트가 모든 철학적 질의의 토대로 삼은 첫 번째 확신인 '나는 생각한다. 그러므로 나는 존재한다Cogito, ergo sum'가 등장하게 된 것이다.

몸과 마음의 이원론

첫 번째 확신인 '나는 생각한다. 그러므로 나는
존재한다'를 통해 데카르트는 자신을 생각하는 존재로
정의했다. 여기서 '나'는 물리적 감각과는 별개인 생각의
일부다. 그래서 그는 마음을 '생각하는 존재'로 보았고 몸과
분리될 뿐더러 근본적으로 다른 물질이라고 믿었다. 이
같은 믿음은 몸과 마음의 이원론으로 불린다. 많은 고대
철학자들이 인체 속 독립적인 '영혼psyche'의 존재를 믿었고
내부분의 종교 역시 불멸의 영혼이라는 범주를 지니고
있지만 이를 체계적인 방식으로 드러낸 인물은 데카르트가
처음이었다.

'실질적인 이원론'은 몸은 물리적인 물질이고 마음은
정신이자 무형의 존재로 외부 세계로 이어져 있다는 것이다.
인간은 이성적으로 사고할 수 있기에 몸과 마음을 함께
가지고 있다. 생각할 수 없는 것은 마음을 가지지 않으므로
물리적인 대상으로 존재할 뿐이다.

데카르트는 감각이 뇌로 정보를 전달하고 그곳에서 무형의 정신이나 마음으로 통한다고 믿었다.

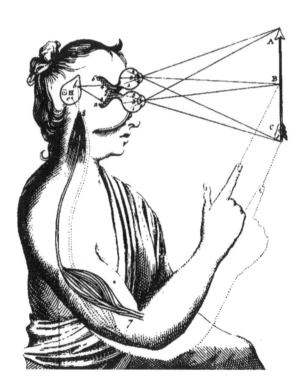

기계 속 유령

몸과 마음의 이원론을 바탕으로 데카르트는 형이상학에
근대적인 사고를 적용했다. 그러나 모든 철학자들이 그의
주장에 동의한 것은 아니었다. 일부는 존재하는 모든 것이
물리적인 물질이라고 주장했고 다른 일부는 모든 실체가
근본적으로 정신적이며 무형이라고 주장했다.

1949년에 길버트 라일은 『마음의 개념』을 통해 정신과
물질 사이를 구분했다. 그는 인체에 내재하는 물리적 감각과
같은 방식으로 마음을 사고, 지식, 감각이 존재하는 장소라고
여기는 생각은 잘못이라고 주장했다. 라일은 무형의 정신은
물리적인 것과 분리해야 하며 그렇지 않으면 '기계 속
유령'처럼 '잘못된 범주의 오류'를 저지르게 된다고 말했다.
데카르트 이원론의 오류는 마음과 몸 혹은 정신적 실체와
물리적 실체를 마치 같은 논리 범주에 있는 것처럼 여겨서
양극처럼 서술한 것이라고 지적했다. 라일은 이 범주의
오류는 선거에 투표하는 사람과는 별개로 일종의 유령
'유권자'가 존재한다고 믿는 것과 같다고 설명한다.

고전적인 범주의 오류는 옥스퍼드를 방문한 여행객이 개별 단과 대학을 구경하고는 '대학교는 어디에 있어요?'라고 묻는 것과 같다.

현혹하는 악마

유명한 '나는 생각한다. 그러므로 나는 존재한다'를 통해
데카르트는 우리가 확실하다고 말할 수 있는 것의 범주를
좁혀 나갔다. 그는 세상에 내가 모든 것을 알고 있다고
현혹하는 강력한 악마가 있다고 가정해 보라고 제안한다.
마치 악마가 모든 것을 믿게 만든 것처럼 믿고 있는 모든
것을 의심해 보아야 한다는 것이다. 그러면 유일하게
남은 믿음이 바로 자신의 존재에 대한 확신인데 스스로가
존재하지 않는다면 악마가 자신을 현혹할 수 없다. 이런
사고방식은 아비센나가 모든 물리적인 감각이 주는 정보를
활용해 이원론적 결론에 도달하게 해 준 '나는 인간'〔p. 158〕과
비슷하다. '현혹하는 악마'에 대한 여러 가지 현대적인
버전이 있는데 가장 유명한 것이 악마 과학자가 머릿속에
상주하며 신경을 조작해 물리적인 감각의 경험을 실체에
대한 착각으로 느끼도록 만든다는 것이다. 이보다 더 최근
연구로는 영화 〈매트릭스〉에서 등장하는 것처럼 우리가 알고
있는 세상은 가상 현실이며 우리의 머릿속에 심어진 컴퓨터
시뮬레이션이라는 주장이다.

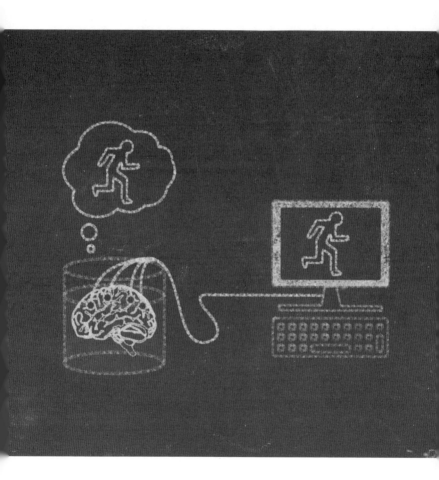

자동 장치인 동물

　17세기와 18세기 과학과 기술의 발달로 물리적인 세상을
기계로 보는 관점이 생겨났다. 사물과 그 행동은 물리 법칙에
따라 기계 용어로 설명되었다. 데카르트의 이원론에서 육체와
정신의 차이가 두드러졌고 인간의 사고와 의식은 물리적인
범주 바깥에 놓였다. 이는 인간은 이성적인 사고를 할 수
있다는 생각을 토대로 한 것이다. 그렇다면 동물은 어떨까?
　일반적으로 동물은 사고를 할 수 없다고 보았기에 인간과
같은 방식으로 무형의 정신적 물질인 마음이 존재하지
않는다고 보았다. 데카르트의 관점에서 동물은 단순히 물리적
세상의 한 부분으로 그 법칙에 따르며 기계와 같은 방식으로
행동한다. 따라서 동물의 행동을 자의식이나 정신적인
행동으로 해석하는 것은 잘못이다. 이러한 견해는 동물과
비슷하게 행동하지만 마음이 없는 기발한 로봇이 등장하면서
더욱 설득력이 높아졌다.

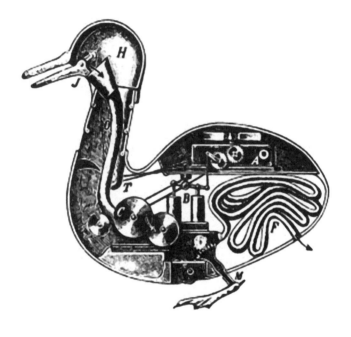

보캉송Vaucanson의 '소화하는 오리'는 걷고, 날개를 퍼덕이며, 먹고, 마시고, 배변을 할 수 있는 로봇이다.

타인의 마음과 의식

'나는 생각한다, 그러므로 나는 존재한다'를 통해
데카르트는 자신의 존재를 입증했다. 그는 생각하는 '나'와
생각하는 마음을 가진 '나의 존재'를 보여 주었다. 하지만
이런 식의 자기 성찰적인 추론에는 문제가 있다. 내가
존재한다는 사실을 알기에 나에게는 자의식이 있지만
그것이 다른 사람에게도 있다는 증거는 없다. 하나의 예시를
일반화하는 것은 잘못된 추정이다. 상식적으로 모든 인류〔와
심지어 동물까지, p.216〕는 내가 가진 의식과 비슷한 종류의
마음을 가지고 있을 수 있지만 실제로 그렇다고 믿을 만큼
충분한 근거는 없다. 철학자들이 '좀비'라고 부르는 일부
존재는 고통에 반응하고 웃기도 해서 외부적으로는 의식을
가진 것처럼 보이지만 실질적으로 그렇지 못하다. 어쩌면
다른 모든 사람이 좀비일 수도 있지만 확신할 수는 없다.
그리고 그들이 마음을 가지고 있다고 해도 타인의 정신적
경험이 나와 같은지 결코 알 수 없다. 내가 '붉게' 보는 것이
다른 사람 눈에는 '푸르게' 보일 수도 있기 때문이다.

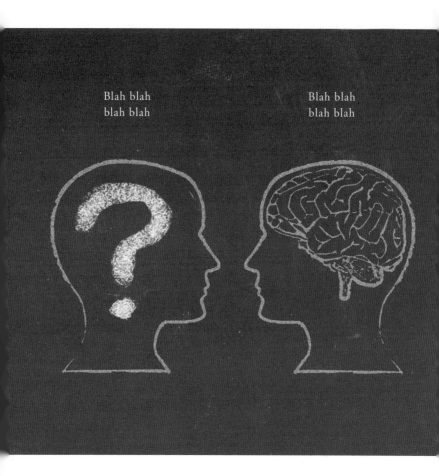

정체성

어떤 목수가 망치 머리를 두 번, 손잡이를 세 번씩 갈면서 50년 넘게 쓴 아끼는 망치를 가지고 있다. 이 망치는 그가 처음 사용할 때와 같은 망치가 아니다. 그런가? 테세우스의 배 이야기와도 비슷한데 그 배는 평생 동안 수리를 해서 원래 부품은 아무것도 남아 있지 않지만 여전히 정체성을 유지하고 있다.

인간도 이와 비슷한 '수리' 과정을 거친다. 인체는 세포를 점진적으로 교환해 물리적인 상태를 몇 년 전과는 완전히 다르게 만들지만 여전히 우리는 같은 사람이라고 느낀다. 데카르트 이원론에서 말하는 무형의 물질인 마음이 우리의 정체성을 결정하거나 적어도 우리의 지식, 경험, 혹은 기억을 저장한다. 그러나 복제 인간을 만들어 당신의 생각과 기억을 그 머릿속에 넣는다고 가정해 보자. 바깥세상에서 볼 때 복제 인간은 당신과 구분이 불가능하고 정체성의 모든 특성을 다 지니고 있지만 직관적으로 우리는 그가 실제 당신이 아니라는 사실을 안다.

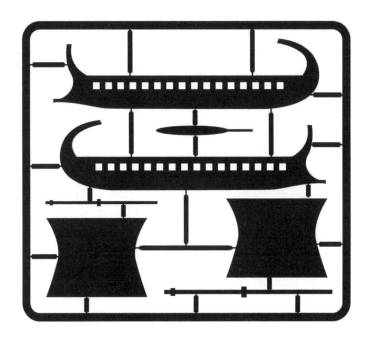

테세우스의 배는 그 구성 부품과는 별개의 정체성을 가지는가?

몸과 마음의 문제

　몸과 마음의 이원론에 대한 비판은 데카르트 이론의
결점을 지적한다. 데카르트는 정신과 물질이 근본적으로
다르다는 관점을 유지했다. 물리적인 것은 물질이며 생각을
할 수 없고 정신은 무형으로 공간 속에 존재하지 않는다.
우리는 경험을 통해 두 가지가 서로 소통한다는 것을 알고
있다. 정신적 행위가 물리적인 행위를 불러오기도 하고 그
반대일 수도 있다. 두 세상 사이에는 연결 고리가 존재한다.
그렇다면 그 연결 고리는 대체 어디에 있으며 그 소통의
본질은 무엇일까?

　데카르트는 머릿속에서 그 과정이 일어난다고 주장했지만
두뇌는 물리적인 대상으로 무형의 마음과는 별개이기에 이
문제를 해결하지 못했다. 혹자는 하느님이 그 연결을 이루어
주었다고 주장한다. 그러나 많은 철학자들이 일원론의
입장에서 이원론을 반박하는 것으로 몸과 마음의 문제를
해결하려 했다. 모든 것은 근본적으로 물리적(물질주의)이거나
무형(이상주의)이라는 것이다. 스피노자는 이원론과 일원론을
결합한 이론을 제안했다〔p. 206〕.

이원론

일원론

물리주의
자연에서 모든 것은
본질적으로 물리적이다.

관념론
물리적인 문제는 마음의
관념에 종속된다.

데카르트의 이원론
몸과 마음은 동등하며
근본적인 요소로 한쪽이
다른 쪽에 귀속될 수 없다.

중립적 일원론
몸과 마음을 대변하는
제3의 실체가 등장한다.

스피노자: 실체와 속성

네덜란드의 철학자 베네딕트 데 스피노자는 렌즈를
만드는 일을 하면서 광학뿐 아니라 물리학, 천문학,
수학에도 상당한 지식을 지녔다. 철학자로서 그는 자신의
과학적 사고와 잘 맞는 데카르트의 합리적인 인식론에
매료되었지만 몸과 마음의 이원론에는 동의하지 않았다.
우리의 이성적 사고가 물리적인 감각과는 다르다는 것을
인식했지만 몸과 마음이 분명 소통하기에 분리되어
있다는 생각은 받아들이지 않았으며 구별 가능한 정신과
물질적 실체가 존재한다고 보지 않았다. 대신 그는 저서
『에티카』를 통해 일원론을 제안했다. 존재하는 모든 것은
단일 물질로 이루어지지만 물리적, 정신적 특성을 모두 가질
수 있다고 믿었다. 단일 물질은 오로지 물리 혹은 정신적인
특성으로만 구성될 수 없으며 양쪽의 특징을 모두 보인다는
것이다. 스피노자의 '중립적 일원론' 혹은 '속성 이원론'은
데카르트의 실질적 이원론(p.192)에서 부각되는 별개의
물질과 무형 사이의 소통 문제에 대한 해결책을 제시해 준다.

스피노자: 신과 자연

　스피노자는 상당히 독실한 신자로 신이 정한 방식이
아닌 우주의 기계론적 해석이 증가하면서 신의 입지가
좁아질까 봐 걱정했다. 그는 정신과 육체가 별개가 아니듯
신을 세상과 별개로 볼 수 없다고 믿었다. 신은 영원하고
어디에나 있기 때문에 신이 세상 밖 혹은 안에 있는 것이
아니라 신 그 자체가 세상이라고 주장했다. 스피노자에게
신은 세상을 구성하는 본질이며 물리적, 정신적 속성을 모두
갖추고 있기에 신에 대한 종교, 철학, 과학적인 개념은 같은
실체이기는 하지만 다른 측면이라고 보았다. 존재하는 모든
것은 같은 물질로 이루어졌고 우주나 자연도 그렇기에 신도
마찬가지라는 것이다. 이 같은 믿음은 신과 자연을 동일하게
보는 범신론으로 낭만주의 운동에 영향을 미쳤으나〔p.268〕
스피노자의 믿음은 당시에는 무신론과 마찬가지로 여겨졌다.
그는 유대교 회당에서 제명을 당했고 저서『신학 정치론』은
교회의 금서가 되었다.

TRACTATUS
THEOLOGICO-
POLITICUS
Continens
Differtationes aliquot,

Quibus oftenditur Libertatem Philofophandi non tantum
falva Pietate, & Reipublicæ Pace poffe concedi: fed
eandem nifi cum Pace Reipublicæ, ipfaque
Pietate tolli non poffe.

Johann: Epift: I. Cap: IV. vérf: XIII.

*Per hoc cognofcimus quod in Deo manemus, & Deus manet
in nobis, quod de Spiritu fuo dedit nobis.*

H A M B U R G I,
Apud *Henricum Künraht.* cIↃ IↃ cLXX.

두 종류의 사실

데카르트와 마찬가지로 라이프니츠도 철학만큼 수학에 공을 들였다. 그는 합리주의적 관점을 지녔고, 지식이 추론에 의해 얻어져야 한다는 믿음을 가지고 있었음에도 이성적인 능력은 불완전하며 일부 지식은 외부 세계에서 얻어야 한다는 점을 인식했다. 라이프니츠는 두 종류의 사실을 식별했다. '추론에 의한 사실과 사실에 의한 사실'이 그것이다. '모든 미혼 남자는 결혼을 하지 않았다'라는 전제는 사실을 참고하지 않아도 평가할 수 있다. 하지만 '미혼 남자가 기혼 남자보다 더 오래 산다'는 것이 진실인지 파악하기 위해서는 사실 여부를 확인해 볼 필요가 있다. 이 두 종류 진술의 차이는 후에 철학자들에게 각각 분석과 종합이라는 용어로 불리게 되었고 특히 이 진술을 부정할 때 분명해진다. 추론에 의한 사실('필연적' 사실)인 2+2=4와 같은 예시는 논리적인 모순이 없이는 부정하기 힘든 반면 사실에 의한 사실('우연적' 사실)인 '물은 100도에서 끓는다'는 논리적인 불가능성이 아니라 또 다른 종합 진술을 낳을 수 있다.

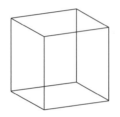

필연적 사실
모든 사각형은 네 면을 가지고 있다.

우연적 사실
모든 소는 다리가 네 개다.

경험주의

이성의 시대에 과학의 진보는 유럽 본토와 달리 영국 철학에 상당히 다른 영향을 미쳤다. 데카르트, 스피노자와 라이프니츠의 합리주의에 대한 반발로 영국 철학자들은 이성이 지식을 얻는 유일하게 안정적인 근원이라는 사상을 거부하고 경험주의로 알려진 반대 운동을 발전시켰다. 정보를 평가하는 데 추론의 중요성을 거부하지 않았지만 경험주의자들은 정보의 출처는 외부 세계에 있으며 감각을 통해서 접근해야 한다고 믿었다. 영국의 경험주의자들은 특히 프랜시스 베이컨의 관찰, 분석, 실험(p. 174)에 대한 과학적 방법론에 영향을 받아 유럽 대륙의 합리주의자들이 수학적으로 영감을 받은 추론과 대비를 이루었다. 17세기 토머스 홉스는 자신의 물질주의와 기술적인 관점으로 현대 경험주의의 근간을 마련했다. 그 뿌리는 아리스토텔레스로 거슬러 올라가지만 과학의 진보로 한층 강화되었고 이내 영어권 세계를 주도하는 철학으로 자리 잡았다.

영국의 경험주의 철학은 자연과학의 관찰과 실험 방식에 영향을 받아서 유럽 합리주의에서 영감을 받은 순수한 수학적 추론 방식과 대조를 보인다.

토머스 홉스: 기계로서의 인간

토머스 홉스는 17세기 과학적 발견에 상당한 흥미를
보였다. 그는 데카르트를 비롯한 수학자들과 정기적으로
왕래했지만 아주 다른 결론을 도출했다. 데카르트의 몸과
마음의 이원론에 대해 논쟁을 벌이면서 그는 자신을 완전한
유물론자라고 선언하며 이와 모순되는 개념인 '무형의 물질'
관념을 거부했다. 하느님을 믿는 것이 여전히 의무였던
당시에는 상당히 용기 있는 선언이었다. 우주의 만물은
물리적 혹은 물질적이며 그밖에 존재하는 것은 없다는 것이
요지다.

코페르니쿠스와 갈릴레오 천문학의 영향을 받은 홉스는
우주의 작용을 기계론적인 관점에서 보고 인간도 물리적인
법칙에 따라 기계로 볼 수 있다고 주장했다. 그는 특히
갈릴레오의 운동과 기동력 이론에 흥미를 느껴 이 이론이
인체는 물론 정신적 활동까지 설명해 준다고 믿었다. 그는
우리의 마음은 물리적인 '기계'이며 정신은 우주의 다른
것들과 마찬가지로 물리적인 법칙의 지배를 받는다고
주장했다.

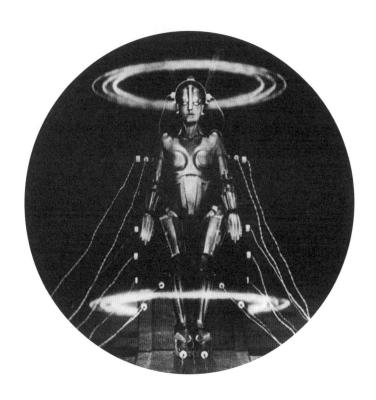

동물권

인간을 기계로 보는 홉스의 유물론적 관점은 후에
컴퓨터와 인공지능 분야에 적용되었을 뿐만 아니라 다른
생명체가 마음을 가지고 있는지에 대한 의구심으로도
이어졌다. 데카르트는 인간만이 자의식을 가지며 동물은
로봇과 같다고 여겼다〔p. 198〕. 그러나 만일 홉스가 옳아서
우리가 기계라고 할지라도 여전히 사고할 수 있고 자각하는
능력이 있기에 이는 동물에게도 마찬가지로 적용될 수
있다〔그들이 '좀비'가 아닌 이상, p. 200〕. 동물이 우리와 비슷한
정신을 가지고 있다는 생각은 19세기 다윈이 인간은 그저
동물의 한 종류일 뿐이라고 주장하는 진화론을 제기하면서
더욱 강해졌다. 동물이 인간과 비슷한 '정신'을 가졌다면
아마도 고통, 두려움을 비롯해 우리가 가진 모든 감정을 느낄
수 있을 것이다. 이 점을 받아들이면 도덕과 아울러 정치적인
물음이 생겨난다. 동물에 대한 우리의 태도는 다른 인간을
대하는 태도만큼 도덕적으로 공정한가? 동물의 자유를
제약하고 심지어 생명을 앗아 가는 것이 옳은 일일까? 간단히
말해, 동물도 인간과 같은 권리를 가져야 하나?

로크와 앎의 제약

홉스가 영국의 경험주의의 토대가 되었다면 그 논쟁을
처음 촉발한 사람은 로크다. 저서 『인간 지성론』(1689년)에서
로크는 우리가 알 수 있는 것의 한계를 발견했다. 우리는
자의식 안에서 오로지 '생각'(지적인 생각뿐 아니라 감각, 감정 등)을
파악할 수 있을 뿐이다. 그러나 타고난 생각이라는 생각의
작용 원리는 존재하기 이전의 것이기에 있을 수 없으므로,
우리의 감각은 외부 현실의 정보를 받아들이는 유일한
출처가 된다. 그래서 우리의 지식은 세상에 대한 감각적
경험에 의존한다. 외부 세상에 얼마나 많은 것이 존재하든지
간에 경험이 인간이 알 수 있는 것을 제약하는 셈이다. 로크는
인간이 감각 인지 능력과 이성적인 사고 능력을 가지고
태어났지만 마음은 세상에 대한 타고난 생각이 없는 백지
상태라고 믿는다. 데카르트의 합리주의를 반박하는 이 개념은
또한 로크의 정치철학에도 영향을 주었다(p.178).

존재하는 것은 곧 인지된 것이다

아일랜드에 살았던 잉글랜드 철학자 조지 버클리는
로크의 논쟁을 극단으로 밀어붙여 물질이 존재하지 않는다는
비물질론을 제안했다. 로크는 우리가 직접 파악하는 것이
의식의 내용이라고 말했고 버클리는 이 말이 곧 인간은
간접적 감각 경험만 할 수 있다는 것이라고 주장했다. 로크는
우리가 경험하는 객관적이고 측정 가능한 사물의 '주요
특성'과 주관적인 '부차적인 특징'을 설명한 반면 버클리는
우리가 실질저으로 전혀 경험을 할 수 없으며 오로지 그
특성만을 파악할 수 있다고 말했다. 우리는 사물을 그대로
받아들이는 것이 아니라 생각을 인식한다. 마음속 생각이
아닌 다른 존재를 믿을 만한 토대가 전혀 없다는 것이다.
사물은 인식하거나 인식되는 경우에만 존재할 수 있다.
물질은 존재하지 않는다. 주교였던 버클리는 현실은 신의
마음속에 존재하는 것이라고 설명했다. '존재하는 것은 곧
인지된 것이다'라는 그의 사상을 잘 보여 주는 고전적 예는
숲 속에서 넘어지는 나무다. 아무도 듣지 않는다면 나무가
쓰러지는 소리가 났다고 할 수 있을까?

흄과 인과관계

경험주의자 중에서 가장 중요한 인물로 데이비드 흄을 꼽을 수 있다. 그는 오로지 경험을 통해서 지식을 습득할 수 있다는 로크의 주장에 동의했지만 이 원칙을 꾸준히 적용할 만한 어떤 확실한 것도 알고 있지 않다는 사실을 깨달았다. 경험적으로 습득한 지식의 주요 결함은 한 사건이 일어나고 그 다음 사건이 발생했다고 해서 두 사건이 인과관계로 얽혀 있다는 걸 입증할 수 없다는 점이다. 하나가 다른 것의 원인이라는 생각은 세상을 이해하려는 시도에 있어서 기본이 된다. 인과관계는 별개의 무관한 사건들의 집합이 아닌 세상의 체계를 볼 수 있게 도와준다. 흄은 분명한 인과관계가 단순히 사건의 '지속적인 결합'이라고 주장했다. 우리는 당구공이 다른 공에 맞아 움직일 것을 아는데 경험상 항상 그래 왔기 때문이다. 또 시간을 조금 늦게 맞춰 두면 정확히 맞춰 둔 것보다 몇 분 늦게 시계가 울리게 되는데, 이것을 인과관계라고 하지는 않는다. 우리는 직관적으로 그 원인이 다르다는 것을 안다. 그러나 그렇게 생각하는 토대는 무엇일까?

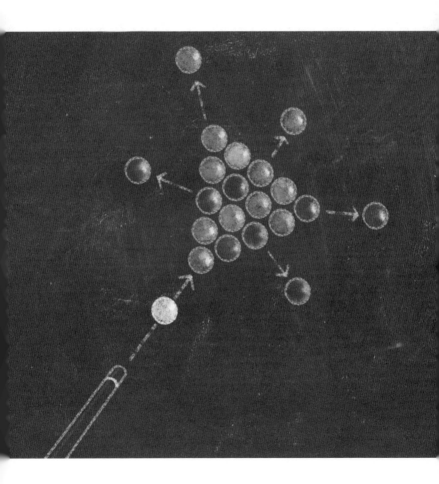

흄의 갈림길

합리주의자인 라이프니츠는 추론에 의한 사실과 사실에 의한 사실이라는 '두 종류의 사실'(p.210) 사이의 뚜렷한 구분을 만들어 냈다. 흄은 이 사상에 동의해 갈림길의 다른 두 방향처럼 진술을 '생각의 연관성'과 '사실'로 분류했다. 그러나 흄은 라이프니츠와 상당히 다른 방식으로 사상을 전개했다. 첫 번째 사실은 사상에 대한 분석적인 진술로 사용하는 용어의 정의에 의존하는 반면 두 번째 사실은 통합적인 사실의 진술로 우리가 확신할 수 없는 세상의 실질적인 사물을 지칭한다. 예를 들어, 분석적 진술인 '사각형은 동일한 길이의 네 면으로 구성 된다'는 생각의 연관성으로 사실을 입증할 수 있지만 이런 완벽함이 존재하지 않기 때문에 세상에 대해 아무것도 알려 주지 못하고 사실을 입증해 줄 수도 없다. 흄은 확실하면서도 세상에 관해 알려 줄 수 있는 것은 존재하지 않는다고 결론내렸다. 우리는 한 갈림길에서 다른 갈림길로 곧바로 넘어갈 수 없으며 관념의 연관성을 활용할 수밖에 없다.

귀납의 문제

　인과관계와 세상에 관한 지식의 확실성〔pp. 222, 224〕에
의구심을 품은 흄은 근대 과학의 방법론에 도전했다. 그는
항상 어떤 일이 일어난다고 해서 그 일이 앞으로도 계속
일어날 것이라고 확신할 수는 없다고 지적했다. 어떤 일이
무언가가 원인이 되어서 발생했다고 말할 수 없다는 것이다.
예를 들어, 내일도 해가 뜰 거라는 사실을 부정한다고 관념에
모순적인 인과관계가 생기지 않으며 그것이 불가능한 사실도
아니다. 그러니 이 밀을 믿을 합리적인 토대가 없는 것이다.
이는 일련의 개별 사례로부터 일반적인 규칙을 도출하는
귀납법이 논리적으로 타당하지 않다는 뜻이며 실질적인
관찰과 반복된 실험을 토대로 이론과 일반 법칙을 형성하는
과학에 큰 문제가 제기된다. '귀납의 문제'는 20세기 칼
포퍼가 해결책을 제시할 때까지 철학자들 사이에서 난제로
남아 있었다〔p. 366〕. 흄은 이 문제에 대해 우리가 확실함이
아니라 희망적인 가능성을 다루어야 하며, 관습이 우리를
이끌어 주기를 바라는 수밖에 없다고 흥미롭게 표현했다.

프라하에 있는 이 천문학 시계는 엄청난 관찰을 토대로 천체의 위치를 보여 주지만 과연 그 움직임이 예측 가능하다고 확신할 수 있을까?

상식

영국 경험주의의 두드러진 특징은 상식에 호소하는
점이다. 이 간단 명료한 추론의 전통은 불필요한 문제와
추상적인 부분을 배제하는 오컴의 방식과 프랜시스
베이컨의 증거를 토대로 한 방법에 뿌리를 두고 있다(pp.148,
174). 로크는 반복적으로 '문제의 사실적인 측면'을 언급했고
버클리의 '주관적 관념론'은 이 규칙에서 예외가 되지만
그의 사상은 곧바로 견실한 흄의 사상에 반박을 받게 된다.
그러나 흄은 논리적인 추론이 종종 우리를 받아들이기 힘든
결론으로 인도한다는 점을 깨달았고, 그런 경우 반드시
경험을 활용해 증거를 살피고 판단을 내려야 한다고 믿었다.
로크는 또한 초자연적인 모든 것들에 의구심을 가졌다.
'기적'은 정의에 따르면 우리가 경험한 세상이 만든 자연의
법칙을 위반하는 행위다. 상식(세상에 대한 우리 경험의 일부)은
우리에게 경험에 모순되어 발생한 기적은 거짓이거나
감각이 잘못 인식한 결과에 가깝다고 알려 준다.

5천 명을 먹여 살린 기적은 자연의 법칙에서 설명하기 어렵다. 우리는 이것이
착각이거나 만들어진 이야기라고 인식한다.

이성은 열정의 노예다

흄은 주변 세상을 살필 때 이성에 의존할 모든 부분을
효과적으로 없애 버렸다. 흄은 미래에 대한 기대를 관습이
이끌도록 내버려 두며 상식으로 보이는 '완화된 회의주의'를
옹호했다. 동시에 그는 우리가 이성이 아닌 '열정'이라고
부르는 감정과 직관에 이끌려 일반적으로 판단하고 결정을
내린다는 사실을 인식했다.

게다가 이성은 열정에 지배당하기에 합리적인 사고는
이를 판단하거나 만족시키는 용도로만 활용된다는 사실을
알아냈다. 사랑과 증오 같은 감정과 허기, 성욕, 자기 보호와
같은 추동력은 아주 강력하고 설득력이 강해서 이성이 전혀
합리적이지 못한 결정이라고 말을 하는 상황에서도 크게
작용한다. 흄의 말을 빌리자면 이성은 열정의 노예이다.
우리는 가끔 잘못된 판단을 하지만 모든 것을 감안할 때
꼭 필요한 욕구를 부정하기보다는 열정을 만족시키는
편을 택한다. 잘못된 판단을 정당화할 수 있는 근거가 없기
때문이다.

마음이 가는 대로 행동하도록 놔두면 가끔 비극적인 결말을 얻게 되는데
셰익스피어의 『로미오와 줄리엣』 속 두 주인공의 죽음이 그 예다.

사실 대 당위

의사 결정에서 이성의 작용에 대한 흄의 회의주의(p. 230)는
그의 관점을 도덕철학으로 한층 발전시켰다. 그는 대다수의
도덕철학자들이 저술을 할 때 객관적인 설명에서 주관적인
설명으로 갑자기 넘어간다고 언급했다. '이러하다' 혹은
'이러하지 않다'라고 쓰다가 갑자기 '이러해야 한다' 혹은
'이러해선 안 된다'라는 어구로 바뀐다는 것이다. 흄의
생각에 이런 변화는 설명이 필요하며 이성이 단독으로
확실성을 보장할 수 없기에 '이러해야 한다'는 말은 도덕적
판단을 구성하는 정당한 토대가 될 수 없다고 본다. 20세기
영국 철학자 알프레드 에이어는 흄에게 동의하고 이 같은
'자연주의적 오류'는 단순히 저자의 감정을 보여 주는 것밖에
되지 않는다고 말했다. 에이어의 정의주의emotivism는 도덕적
제의는 객관적인 진술처럼 보여야 하지만 실질적으로
주관적이라는 점을 드러낸다. 누군가 '살인은 나쁘다'고
할 때 실제 이는 '살인이라고? 안 돼!'라는 반응인 반면
'박애는 훌륭한 정신이야'는 실제 '박애에 성원을 보냅시다!
만세!'라는 의미가 된다.

지식: 정당화된 참된 믿음일까?

　합리주의와 경험주의 학파 사이의 차이점은 지식을
습득하는 방식을 정의하는 데 있다. 정확히 지식이란
무엇일까? 고대 그리스 철학자들은 지식을 '정당화된 참된
믿음'으로 다음과 같은 세 가지 조건에 부합해야 한다고
생각했다. 스스로 믿어야 하고 실질적으로 사실이며 그것을
믿을 수 있는 검증이 이루어져야 한다. 그러나 1960년대에
에드먼드 게티어는 이 조건만으로는 충분하지 않다는 점을
보여 주었다. 자신의 소가 없어질까 봐 두려워하는 농부가
있다. 한 친구가 농부에게 목장에 소가 있는 것을 보았다고
말했고 농부는 곧바로 가서 소의 얼룩무늬 형상을 보았다.
친구도 같이 갔지만 소가 나무 뒤에 가려 보이지 않았고
목초지에 커다란 얼룩무늬 종이가 놓여 있는 것을 보고서
농부가 종이를 소로 착각한 것을 알게 되었다. 농부가 소가
목장에 있다고 믿은 것이 실질적인 진실이고 그는 이 믿음을
친구의 증언으로 정당화했다. 하지만 이런 경우 그가 진실을
안다고 할 수 있을까?

실증주의

경험주의는 합리주의와 대비를 이루며 주로 영국에서 발전했지만 프랑스에서도 과학적 방법론의 원칙을 토대로 작지만 영향력을 끼친 운동이 출발했다. 이 운동의 주요 사조는 실증주의로 타당한 지식은 실제로 입증이 되어야만 가능하기에 진실은 과학적인 지식 속에서만 발견된다는 것이 논지다.

실증주의의 대표 학자는 오귀스트 콩트이며 그는 형이상하저인 예측은 철학에서 더 이상 역할을 하지 못하고 과학적 질의로 바뀌어야 한다고 주장했다. 대륙의 합리주의 전통을 깨고 그는 세상에 대한 지식을 수립하는 데 경험주의적 관찰, 이론 형성, 입증 방식을 옹호했다. 실증주의는 과학과 철학 사이에서 점차 세력을 늘려 나갔고 콩트는 과학에 토대를 두고 그 방법론을 다양하게 적용하는 철학의 한 분과인 근대 과학철학(p. 360)의 선구자로 자리매김했다.

사회학적 실증주의

실증주의(p.236)는 과학적으로 검증된 지식만이
타당하다고 주장한다. 오귀스트 콩트에 따르면 이는
비단 자연과학뿐 아니라 인간의 사회적 행동을 결정하는
원칙에도 적용된다. 콩트는 물리적 세상이 물리적 법칙을
따르듯 사회 역시 눈에 보이는 법칙에 따라 운영되며
주관적인 자기 성찰이나 직관을 통해서가 아니라 객관적인
과학적 연구에 의해 사회적 지식을 습득할 수 있다고
말한다. 이 사상은 근내 사회학의 토대가 되었고 19세기
후반 사회학자인 에밀 뒤르켐에게 영향을 미쳐 이 주장을
실질적인 연구를 통해 한층 과학적으로 다질 수 있게 해
주었다. 콩트는 또한 인류학, 경제학, 정치학을 포함한
사회과학 분야의 토대를 정립하는 데도 영향을 미쳤다.
카를 마르크스는 콩트의 사회학적 실증주의를 반박했지만,
형이상학적 철학은 현대 사회와는 무관하며 사회과학에
적용되는 이론은 과학적 방법으로 검증될 필요가 있다고
말했다.

종의 기원

과학이 문화에 끼친 영향은 1859년 다윈이 『종의 기원』을 출간한 19세기 중반에 절정에 달했다. 철학보다는 과학에 근접했지만 그의 자연선택에 의한 진화론은 철학의 여러 분야에 새로운 관점을 심어 주었다. 코페르니쿠스가 지동설을 주장해 종교적 권위에 맞서고 르네상스 인본주의의 출현을 알린 것처럼 다윈의 진화론 역시 인간이 자연과 별개가 아닌 그 일부에 속하는 동물일 뿐이라고 설명한다. 『종의 기원』 이후 출간한 『인간의 유래와 성 선택』은 특히 인간에 적용되는 진화론의 원칙을 담고 있으며 처음으로 우리가 동물로부터 진화했다는 주장을 도출해 인간은 이성이 있기에 다른 동물에 비해 특출한 존재라는 기존의 사상에 도전했다. 진화론이 철학에 미친 가장 큰 영향은 무엇보다도 인간이 신의 피조물이 아니라 자연 세계의 발전 과정에서 등장했다는 관념을 도출한 것이다.

진화론, 천지 창조설, 지적 창조론

다윈의 자연선택설은 르네상스 이후로 벌어진 과학과 종교 간의 격차를 더 크게 벌렸다. 『종의 기원』은 성경에 나오는 창조 신화와 명백한 대비를 이루며 종교와 이성의 논쟁에 다시금 불을 붙였다. 성서를 믿는 천지 창조론자들과 다윈을 지지하는 쪽으로 의견이 갈렸다. 다윈의 이론은 신 존재를 둘러싸고 지적 창조론(p.122)과 논쟁을 하면서 다시금 이를 반박했다. 인간을 비롯해 다양한 생물은 유기체가 환경에 적응해 나온 신물이며 생물의 명백한 '영리함'은 환경에 적응한 것이지 창조에 의해 생겨난 것이 아니라고 진화론은 주장한다.

다윈은 기독교인으로 자랐지만 자신의 이론을 정립하면서 점점 급진적이게 되었다. 그럼에도 신의 존재에 대한 믿음은 유지했다. 아이작 뉴턴처럼 그도 신이 우주를 창조하고 자연선택과 같은 법칙을 만들었다고 믿었지만 그 이후로 더는 개입하지 않았다고 보았다.

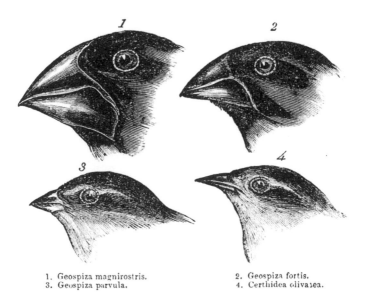

1. Geospiza magnirostris.
2. Geospiza fortis.
3. Geospiza parvula.
4. Certhidea olivasea.

다윈은 핀치의 다양한 형태의 부리를 관찰하며 종의 다양성은 변하지 않는 신의 원칙으로 창조된 것이 아니라 진화에 따른 결과라는 점을 입증했다.

영국 자유주의

18세기 말에 급격한 산업화를 이룬 유럽 국가들과 미국은 민주주의 체계를 세우고자 노력했다. 미국과 프랑스에서 혁명이 일어난 뒤 사회정의와 개인의 자유를 지키기 위한 헌법이 개정되었다. 이보다 한 세기 전에 영국은 혁명을 통해 입헌군주제를 세웠고 영국의 정치철학자들은 한층 유리한 위치에서 민주주의 사회를 조직하고 권위와 자유 사이 균형을 잡는 이론을 정립했다. 유럽의 다른 지역에서는 여진히 형이상학을 중시하는 풍토가 남아 있었지만 영국 사상가들은 도덕과 정치철학에 중점을 두고 사회계약 이론의 유산(p.178)과 흄의 실용적인 경험주의(p.222)를 공고히 했다. 자유주의 전통(좌파가 아닌 자유방임주의)은 에드먼드 버크의 보수적 자유주의와 애덤 스미스의 경제적 자유주의 속에서 출현했다. 한편 제러미 벤담은 한층 원론적인 도덕과 정치철학을 제안했고 이는 19세기 영국 주요 철학자인 존 스튜어트 밀에게 영향을 끼쳤다.

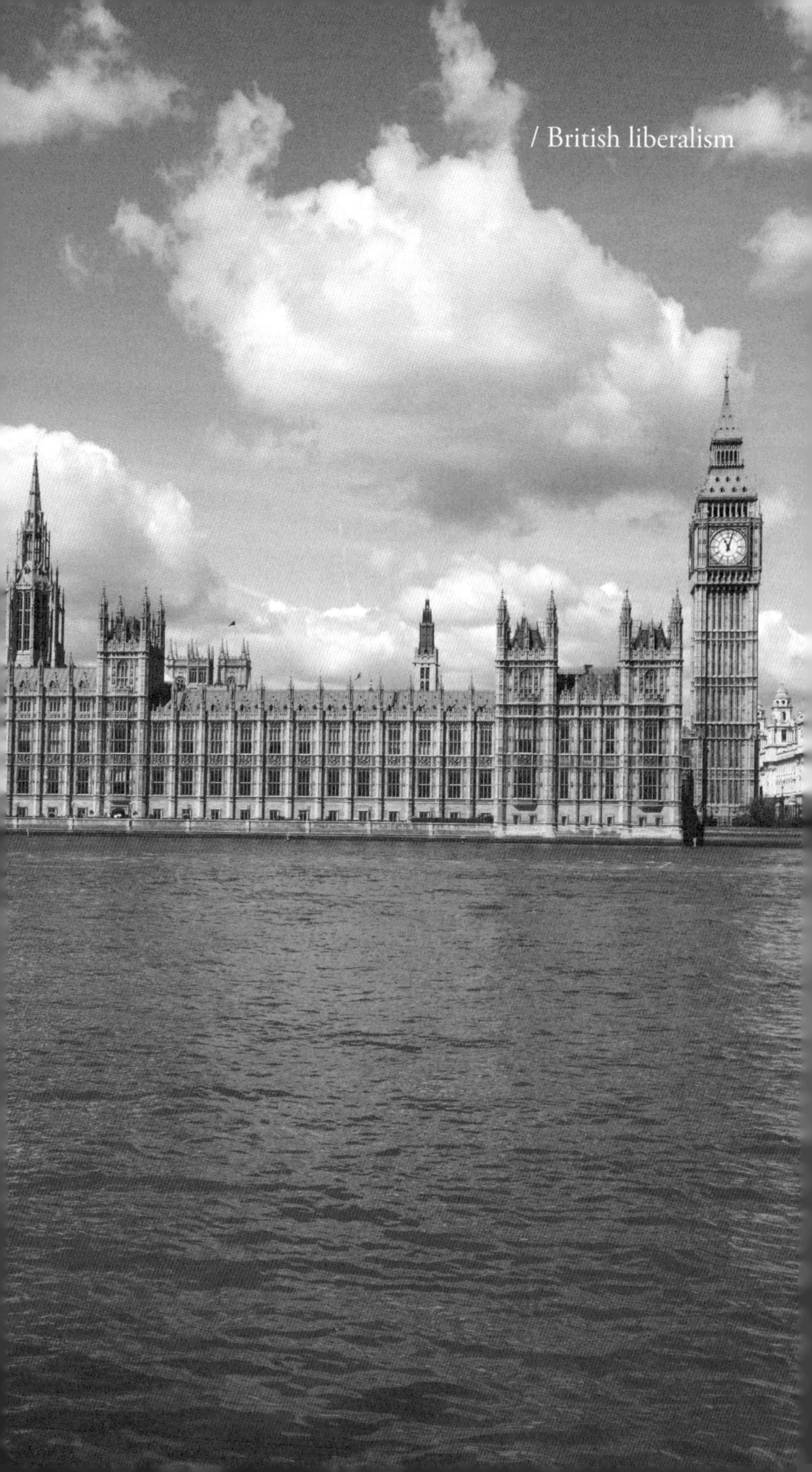
/ British liberalism

정치경제학

데이비드 흄은 경험주의적 지식(p.222)의 문제뿐 아니라
정치철학에도 흥미를 보였고 특히 재화와 용역의 거래에
관심이 많았다. 그는 에든버러를 중심으로 활동하는 지식인
집단으로 애덤 스미스와 함께 활동했고, 흄의 사상을 공유한
스미스는『국부론』(1776년)을 통해 완전한 정치경제학 이론을
정립했다.『국부론』이후로 도덕철학은 한층 과학적으로
경제학에 접근할 수 있게 됐다. 그는 인간은 자신의 이익을
취하는 행동을 보이지만 문명사회에서는 협력이 중요하다고
설명했다. 우리는 재화와 용역이 필요하기에 상호 간의
이익을 위해 이를 교환하는 계약을 맺는 것이다. 시장에서
이루어지는 개인의 이익을 위한 거래가 '보이지 않는
손'에 의해 사회 이익을 가져다준다. 따라서 스미스는 자유
시장에서 정부의 개입을 최소화해 인간이 '타고난 자유'를
즐길 권한을 최대화해야 한다는 경제적 자유주의를 옹호했다.

애덤 스미스는 상호 간 이익을 위해 재화와 용역을 교환하는 곳인 시장의 중요성을
강조했다.

보수주의

자유와 권위 사이의 균형을 잡고자 하는 '전통 자유주의'는
정부가 시민의 자유에 최소한으로 개입해야 한다고
주장한다. 그렇지만 자유주의 사상가들 중 일부는 통치하는
주체와 사회가 변하는 방식에 대해서 보수적인 관점을
유지했다. 영국 의회 의원인 에드먼드 버크는 미국의
독립을 지지한 것으로 유명하며 식민지의 정치적·경제적
압박을 완화하자고 주장했지만 프랑스혁명에는 반대하며
보수주의적인 시각을 보였다. 버크는 사회는 세대에 걸쳐
축적된 지혜를 바탕으로 점진적으로 복잡한 체계로 발전해
나가야 한다고 믿었기에 유기적으로 발전하는 사회 체계를
한 명의 사상가나 소규모 집단의 이론으로 갑작스럽게
뒤집는 것은 잘못된 일이라고 보았다. 그는 또한 사회의
물질적, 문화적 자산을 보호할 통치 계층이 필요하며
이전부터 세대를 이어 온 통치 경험을 가진 귀족 계층이 이
역할을 하는데 최적화된 조건을 갖추고 있다고 주장했다.

/ Conservatism

채스워스 하우스와 같은 전통 영국 가옥은 주로
보수적인 통치 계층의 이상을 수호하는 상징으로 여겨진다.

벤담과 공리주의

　18세기 말 영국의 '자유 사상가' 운동은 혁명 이전
프랑스의 정치철학에 영국 경험주의만큼 영향을 미쳤다.
그중에서도 제러미 벤담은 도덕철학에 공리주의를
제안하면서 행동은 이득이 되는 결과를 가져오는지의
유무에 따라 평가되어야 한다고 주장했다. 도덕적으로 선한
행동은 쾌락을 극대화시키고 고통을 최소화한다. 과학과
매우 흡사한 방식으로 벤담은 '더할 나위 없는 행복의
미적분학'을 통해 '최대 다수의 최대 행복으로 옳고 그름을
측정한다.' 그는 같은 원칙을 정치에도 적용해 '모두가 한
사람에게 의지하면 아무도 한 사람 이상이 될 수 없다'고
보았다. 이를 토대로 많은 기존의 법과 관습은 불필요한
것으로 여겨졌다. 특히 노동자의 착취를 허용하는 법은
지나치게 느슨한 데 비해 개인의 도덕성과 관련된 법은
그렇지 않다는 것이다. 벤담의 사상은 19세기 사회 개혁에
영향을 미쳤으며 후에 영국의 사회주의 운동의 토대가
되었다.

/ Bentham and utilitarianism

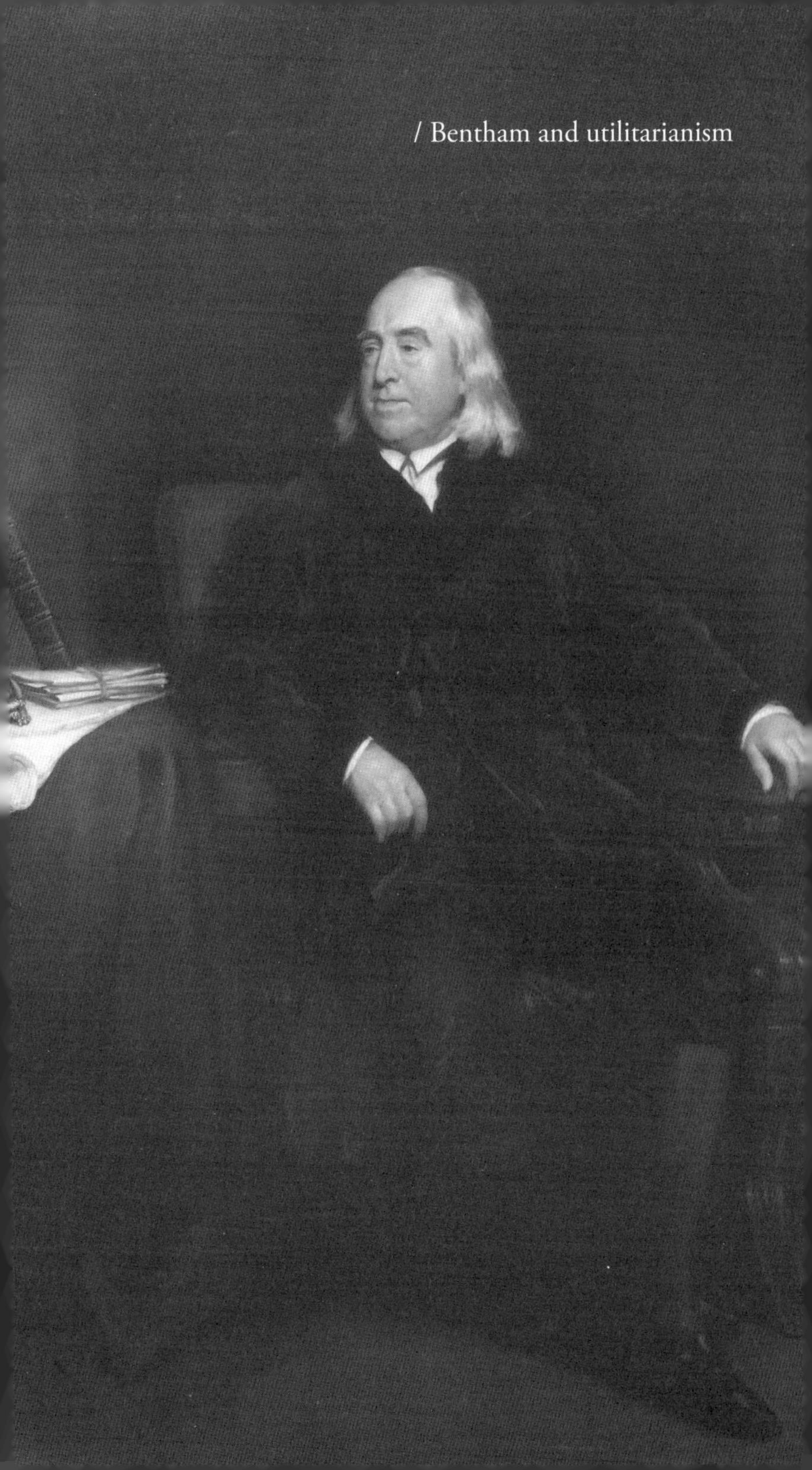

자유론

벤담의 공리주의에서 행동의 타당성은 쾌락이나 고통이
어느 정도 생겨났는지에 따라 결정된다. 이 사상은 유럽 도덕
사상에 영향을 미친, 행동의 동기와 도덕적 '정언명령'을
토대로 한 임마누엘 칸트의 도덕철학 체계와 극명한
대비를 이룬다(p. 264). 영국의 자유방임주의 정부와 경제에
대한 접근 방식도 다른 곳의 이데올로기적 정치철학과는
차이가 있다. 애덤 스미스가 지적한 개인의 이익을 위한
행동(p. 246)은 사회에 도움이 되는 결과를 내는 것보다
중요하지 않다. 부친이 벤담의 친구였던 존 스튜어트 밀은
공리주의 도덕 원칙을 열렬히 지지했지만 개인의 자유에
관한 자유주의 사상도 가졌다. 저서 『자유론』에서 밀은 한층
완화된 공리주의를 선보였고 개인의 자유를 강조하면서
'해악의 원리'를 소개했다. 그는 사람들이 타인에게 해를
끼치거나 능력을 제한하지 않는 한 좋아하는 일을 할 수
있는 자유가 필요하다고 생각했다.

영국 경찰은 권위주의자들의 법칙을 실행하기 위해서가
아니라 사람들의 이익을 보호하기 위해 설립되었다.

자유의 두 개념

　타인에게 해를 입히지 않는한 개인의 자유를 보장한다는
개념은 20세기 중반까지 당연하게 여겨졌다. 그러나
이사야 벌린은『자유의 두 개념』(1958년)을 통해 우리가
일반적으로 자유라고 부르는 것은 외부의 개입에 의한
소극적 자유라고 설명한다. 반대로 적극적 자유는 개인의
자율성을 획득하기 위한 것이며 자신의 가능성을 깨닫는
데서 비롯된다. 소극적인 자유는 타인과의 소통에 의해
정의되는 반면 적극적인 사유는 긍정적인 사회 활동에
참여하고 인식하면서 개인이 발전해 나가는 부분이다.
벌린은 소극적인 자유와 적극적인 자유 모두 중요하다고
생각했지만 적극적인 자유에는 위험이 따른다고 보았다.
적극적인 자유를 추구하는 개인은 폭군이 될 수 있는데
프랑스혁명 이후 로베스피에르가 대표적이다. 그 결과
권력의 자유만 생겨났다. 이를 두고 벌린은 '호수에 피라미와
피라미를 잡아먹는 강꼬치고기가 산다면 강꼬치고기의
자유는 곧 피라미의 죽음을 의미한다'고 말했다.

255

여성의 권리

　프랑스와 미국의 혁명 이후 찾아온 민주주의는 자유와
평등의 이념에 입각해 세워졌다. 1789년《프랑스 인권
선언》에는 특히 '자연권'이라는 말이 자주 등장한다. 그러나
극작가 올랭프 드 구주Olympe de Gouges는 여성이 빠진 것에
분노하며《여성과 여성 시민의 권리 선언》을 발표한다.
영국에서도 메리 울스턴크래프트가『여성의 권리 옹호』를
발표하여 토머스 페인의『인권』에 대응했다. 존 스튜어트
밀과 우정을 나누고 후에 결혼을 한 철학자 헤리엇 테일러는
여성의 동등한 권리를 수호하는 데 큰 발판을 마련했다.
밀은 그녀를 자신과 지적으로 동등하다고 여기고 존경받는
철학자이자 의회 의원으로 대우하면서 테일러의 사상을
바탕으로『여성의 종속』을 저술했다. 플라톤과 에피쿠로스
이후로 성적 평등을 주장한 최초의 남성 철학자인 밀은
여성의 권리를 알리는 캠페인을 벌였고 1866년에 여성의
투표권을 제안한 최초의 하원 의원이 되었다.

/ The rights of women

독일 관념론

프랑스와 영국 철학자들이 계몽주의 시대를 독식하는 동안 1780년대부터 철학은 독일어권에서 더욱 번성하기 시작했다. 임마누엘 칸트는 독일 철학 시대의 출발점을 연 위대한 독일 철학자다. 정반대인 합리주의와 경험주의의 관점을 하나로 통합하면서 칸트는 '선험적 관념론'이라는 형이상학을 제안했다. 선험적 관념론은 우리가 감각을 통해 세상을 경험할 때 동시에 이해하지 못하는 부분도 존재한다는 점을 인식하는 직입이나. 그의 사상은 셸링, 피히테, 쇼펜하우어, 헤겔 등에게 영감을 주었고 이들은 각각 자신만의 관념론을 발전시켰다. 관념론은 또한 포이어바흐와 마르크스 같은 철학자들이 헤겔의 사상을 채택해 유물론적 관점에 대한 논쟁을 벌이게 만들기도 했다. 이는 또한 종교에 대한 비판과 의구심을 증폭시켰으며 '신은 죽었다'라는 니체의 유명한 선언에 영향을 주어 무신론 철학을 촉발하기도 했다.

18세기 말부터 음악, 문학, 예술, 철학 등등의 독일 문화가 100년이 넘게
서구 사회를 주도했다.

합리주의와 경험주의의 결합

　말년까지 합리주의자 위치를 고수한 임마누엘 칸트는
스스로 흄의 저서를 읽고(p.222) '독단'에서 깨어났다고
주장했다. 또한 과학의 진보에도 영향을 받아 경험에 기인해
얻은 증거의 중요성을 인정한다고 밝혔다. 그는 1781년 대표
저서인 『순수이성비판』을 통해 합리주의와 경험주의라는
상당히 반대되는 두 이론을 하나로 통합했다. 칸트는 우리가
공간과 시간 속 사물을 인식하는 '분별력'을 지니고 있는
덕분에 공간, 시간, 물질과 같은 개념 역시 '이해'한다고
보았다. 그는 이런 개념을 이해의 '범주'(물질, 수량, 품질, 관계,
양식을 포함)라고 불렀고, 경험적으로 이런 것들을 이해하기
위해 개념에 대한 지식을 가지고 있으므로 이는 타고난
것이라고 주장했다. 우리가 감각을 활용해 세상에 대해 알아
가는 동안 경험 이전에 타고난 이해의 척도인 '범주'가 그
정의를 내린다는 것이다.

현상과 물자체

『순수이성비판』에서 칸트는 우리가 이해하고 추론하는 부분의 한계를 찾으려고 했다. 우리는 육체적 경험을 통해서만 이해할 수 있지만, 우리가 경험할 수 없음에도 현실에 존재하는 것들이 있다. 칸트는 세상이 크게 두 부분으로 나뉜다고 설명한다. 감각을 통해 경험하는 세상과 그 자체로 존재하는 세상이 그것이다. 우리는 보고 듣고 만져 봄으로써 사물에 대한 정보를 얻지만 그것이 사물의 전부가 아니기에 감각은 완벽하게 모든 것을 알려 주지 못한다. 칸트는 물자체와 우리가 경험하는 현상을 분류했다. 물자체인 세상은 우리의 경험과 이해를 넘어 존재하기에 선험적이다. 그러나 우리가 감각을 통해 인식하고 이해하는 현상의 세계도 있기 때문에 두 가지 모두 경험적으로 실재하고 현상적, 선험적 이상이다. 칸트는 자신의 이론을 '선험적 관념론'이라고 불렀다. 과학이 현상 세계를 발견하는 동안 경험과 별개인 실체가 항상 우리의 이해 너머에 존재한다는 것이다.

정언명령

칸트는 '선험적 관념론'을 인식론, 형이상학, 윤리를
포함한 종합적인 철학 체계로 발전시켰다. 칸트 도덕철학의
초석이 된 것은 이성적인 존재로서 우리는 타고난 선과 악의
개념을 지니며, 자유의지가 도덕적 선택을 하게 만든다는
믿음에 있다. 또한 칸트는 전통을 깨고 도덕성이 결과가
아니라 의도나 동기에 따라 판단되어야 한다고 주장했다.
무언가의 옳고 그름을 정하는 타당한 이유가 있다면 그것은
반드시 보편적으로 타당성을 확보해야 한다는 것이 요지다.
도덕성은 과학과 마찬가지로 이성에 기반하고 도덕 법칙은
물리학의 법칙처럼 예외가 없다. 칸트는 이 정언명령을
'보편적인 법칙이 될 수 있는 격언에 따른 행동'이라고
표현했고 후에 결과를 위한 수단으로 타인을 대하는 행동은
잘못이라는 점도 덧붙였다. 보편적인 도덕 법칙에 대한
사상은 매력적이지만 순수하게 결과주의적인 윤리에서
판단하기에는 어렵다. 예를 들어, 거짓말이 항상 잘못이라고
믿고 있다면 도망친 노예를 숨겨 주고 보호하려고 거짓말을
한 것이 도덕적으로 그릇된 일일까?

도덕은 현실이다

칸트의 관념론은 요한 고틀리프 피히테의 철학을 통해 한 걸음 더 나아갔다. 칸트 추종자였던 피히테는 물자체에 대한 개념을 거부했고 외부의 현실은 지각이 창조한 것이라는 완전한 관념론 체계를 제시했다.

흄과 칸트는 과학적 법칙은 경험적인 관찰로부터 도출할 수 있는 것이 아니라고(p.262) 했지만 피히테는 그 반대가 가능하다고 믿었다. 예를 들어, 뉴턴이 제안한 물리 법칙은 사실이며 우주의 체계에 대해 우리는 타고난 관념을 가지고 있으며 여기서 경험적 현실을 추론한다는 것이다. 인식의 주체인 '나'는 '내가 아닌' 외부 현실의 원인인 것이다. 이 관점에서 자아는 소극적인 관찰자가 아니라 적극적이고 자유롭게 결정을 내리는 존재로, 우리의 존재가 필연적으로 도덕적이라는 점을 말해 준다. 여기서 피히테는 도덕 자체가 생성한 현실은 근본적으로 도덕적인 특성을 지닐 수밖에 없다고 설명한다.

누군가가 선택하는 철학의 한 부분은
그 사람이 누구냐를 말해 준다.

— 요한 고틀리프 피히테

관념론과 자연

　독일 관념론의 시대는 예술에서 낭만주의 운동이 성장한
시기와 우연히 맞아떨어진다. 자연에 대한 매료와 감정을
강조하는 낭만주의는 과학적인 합리주의와 산업화에
대한 반발로 생겨났지만 루소의 자연 상태와 스피노자의
범신론(pp.182, 208)적 관점에서도 영향을 받았다.

　독일 낭만주의 예술가, 작가, 지식인 무리 중에서
프리드리히 셸링은 자연을 기반으로 한 철학을 발전시켰다.
셸링은 피히테의 사상에 반대하면서 인식의 주체는 대상
없이 존재할 수 없으며 그 반대도 마찬가지라고 주장했다.
그리고 현실은 '내'가 창조한 것이 아니며 주관적인 경험과
객관적인 외부 현실의 차이는 없다고 말한다. 따라서 삶은
상황과 별개의 것이 아니며 자연은 살아 있는 유기체로
그 창의성을 통해 지속적으로 발전한다. 셸링에게 인간의
창의성은 자연의 발전이 정점에 올랐다는 것을 지각함을
대변한다.

카스파르 다비드 프리드리히와 같은 독일의 낭만주의 예술가들은 인간과
자연의 관계를 탐구했다.

의지와 표상으로서의 세계

아르투어 쇼펜하우어는 칸트를 엄청나게 존경했고 현상과 물자체에 대한 그의 사상을 열정적으로 흡수했다. 저서 『의지와 표상으로서의 세계』(1818년)를 통해 그는 이 사상을 한 단계 더 발전시켜 두 가지 별개의 세상이 존재하는 것이 아니라 한 세계에 두 가지 측면이 존재한다고 주장했다. 쇼펜하우어는 칸트가 설명한 물자체는 그 속에서 자체로 이루어질 수 없기에, 서로가 다른 시간 혹은 공간에서 존재하며 시간과 공간은 현상 세계의 한 부분이 된다고 말했다. 그리고 물자체는 현상의 원인이 될 수 없고 인과관계는 또한 현상에서만 존재하기에 의지에 따른 행동(물자체)은 신체적 움직임과 같은 일의 원인이 될 수 없다. 따라서 의지와 운동은 동일한 하나의 것이다. 현상과 물자체는 별개의 세상이 아니며 두 가지 다른 방식으로 경험하는 한 가지다. 의지는 안에서 표상은 밖에서 드러나는 것이다. 우리는 자신의 의지를 경험하지만 내적 의지가 아닌 다른 것에서 표상이 드러난다.

사람은 자신의 의지를 행할 수는 있지만
자신의 의지를 의지할 수는 없다.

— 아르투어 쇼펜하우어

보편적 의지

　쇼펜하우어에 따르면 세상은 외부의 표상과 내부의 의지로 경험하는 것이다. 칸트가 물자체라고 부르는 전체에 대해서 쇼펜하우어는 이것이 의지에 의해 분류된다고 말했다. 또한 시간과 공간이 물자체의 범주에 존재하지 않으므로 차이가 있으며 의지는 반드시 보편적이고 불가분이며 시간을 초월한 것이기에 모든 개별 사물 속에 내재하는 의지에 우리도 속해 있다고 말했다. 모든 개인의 의지는 의식이나 지능과 상관없고 개인적이지 않으며 목표가 없는 하나의 보편적인 의지의 일부다. 에너지를 형성하듯 표상의 세상을 제어하는 일에는 우리의 기본적인 욕구와 본능도 속해 있다. 쇼펜하우어는 이런 욕망을 충족하고자 하는 시도는 필연적으로 실망과 좌절로 귀결된다고 보았다. 여기서 벗어나는 유일한 희망은 보편적인 의지와 만족감을 분리하려는 착각을 버리고 언젠가 우리가 존재하지 않을 거라는 사실은 받아들이는 것이다. 이것은 후에 쇼펜하우어가 열정적으로 연구한 힌두교와 불교 사상과 상당히 유사하다.

19세기 아편 소굴은 개인적인 만족 추구가 얼마나 절망적인지 잘 보여 준다.

현실은 역사적 과정이다

칸트와 마찬가지로 게오르크 헤겔은 철학 '체계'를
발전시켰지만 칸트의 사상을 토대로 하면서도 그 사상
속에서 근본적인 오류라고 생각한 부분을 고쳤다. 헤겔은
추상적인 사물 그 자체에 대한 생각을 부정하고 존재하는
것은 무엇이든지 의식 속에 구현된 것이라고 주장했다.
헤겔에게 존재는 인식 주체 속 하나의 완전체이며 그 대상인
외부 세계와 동일하다. 헤겔이 지칭하는 정신은 우리의
직관과 자각을 포함해 비물질적인 현실을 아우른다. 헤겔은
또한 경험의 토대는 독보적이며 변하지 않는다는 칸트의
'범주'에 대한 생각을 거부했다. 대신 그는 우리를 구성하는
의식 자체를 믿었고 이는 진화 과정의 일부로 변한다고
보았다. 역사가 바뀌면서 세상이 변하는 것을 볼 수 있듯이
정신 역시 그렇게 변한다는 것이다. 현실은 역동적이고
역사적인 과정을 거친다.

/ Reality is a historical process

1790년대 아이티 노예 봉기와 같은 혁명은 정신의 변화가 사회 변화에 필수라는
헤겔의 생각을 증명해 주었다.

헤겔의 변증법

현실을 역사적 과정이라고 설명하면서(p.274), 헤겔은
정신이 지속적으로 진화하는 현실을 구성할 뿐만 아니라
그 과정에 내재된 체계가 있다는 사상을 발전시켰다. 그는
변증법을 통해 주장을 설명했다. 모든 생각에는 모순이 담겨
있고 두 반대되는 생각 사이의 대립 관계가 새로운 생각이
출현하면서 해소된다는 것이다. 이 첫 번째 생각을 그는
'정'이라고 부르고 이에 모순되는 생각이 '반'이며 이 둘의
'합'을 통해 새로운 생각이 도출된다고 했다. 예를 들어,
폭정하에서 도출된 자유라는 생각은 '반'이다. 이 반대되는
생각을 해결하는 '합'은 법의 통치에 따른 정의가 될 것이다.
합은 정이나 반보다 더 풍부한 의미를 가지고 있으며 사건의
역사적인 추이뿐 아니라 우리의 생각과 자각을 포함하는
정신이 그 자체로서 더 낫고 진정한 이해를 할 수 있도록 해
준다.

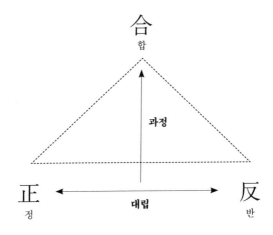

소외와 시대정신

헤겔은 하나의 현실이 존재하며 이는 물질적인 것이 아니라 정신적인 것이라고 믿었다. 우리가 인식하는 현상은 우리 자신의 생각과 의식이라 할지라도 정신의 한 부분에 불과하며 변증법적 과정을 통해 시간이 흐르면서 지속적으로 발달한다. 결과적으로 시대별로 각각의 다른 정신인 시대정신이 존재하며 우리의 사고와 의식 방식도 이 특정한 발달 단계에 있다.

우리 모두는 이 시대정신에 사로잡혀 있고 그 생각과 체계 속에서 살며 창조 행위를 해 나간다. 그러나 종종 시대정신은 우리가 살고 싶어 하는 방식으로 가지 못하게 제약하기도 한다. 우리의 생각은 시대정신의 일부이지만 주변 세상과 조율에 실패할 수도 있으며 그로 인해 우리가 창조한 사회와 정치 체계에서 '동떨어진' 감정을 느낄 수 있다. 우리 세상과 별개인 신에게 스스로의 생각을 투영하는 종교 체계에서는 더욱 소외를 느끼게 된다.

유물론과 무신론

　헤겔에게 상당한 영향을 받았지만 루트비히 포이어바흐는
완전히 반대되는 철학을 발전시켰다. 관념론자 헤겔이 현실은
궁극적으로 무형이라고 믿는 반면 포이어바흐는 유물론자로
비물질적인 범주의 존재를 부정했다. 헤겔이 우리가 자신의
생각을 '완전한 정신'인 신에게 투영한다고 말하는 반면
포이어바흐는 한층 더 나아가 실제로 우리는 이상을 투영할
가상의 존재를 만들고 이를 '신'이라고 부른나고 주장했다.
그는 신학은 단지 인류학이며 신의 지시를 따르고자 애쓸
것이 아니라 스스로 결과를 얻을 수 있는 진정한 미덕의
원천을 탐구해야 한다고 밝혔다. 포이어바흐의 도덕철학은
신의 덕보다는 인간을 근본에 두고 있다. 그의 사상은 후에
일부 우파 정치철학자들에게 채택되었지만 포이어바흐는
좌파 진보주이자로 성치적 혁명 철학에 가장 큰 영향을
미쳤다. 그의 무신론적 유물론은 역사의 변화와 시대정신의
변증법적 과정에 대한 헤겔의 주장과 칼 마르크스의 사상을
이어 주는 연결 고리가 되었다.

변증법적 유물론

학생일 때 칼 마르크스는 헤겔의 이론에 관심을 가졌고
특히 역사적 과정의 변증법에 심취했다. 하지만 다른 좌파인
'청년헤겔파'와 마찬가지로 변증법을 정치와 사회 변화
과정으로 보았다. 마르크스는 유물론자 포이어바흐의 영향을
받았지만 형이상학에 심취한 당대 독일인들에게 반대하며
'철학은 다양한 방식으로 세상을 해석해 왔을 뿐이다. 여기서
중요한 점은 세계를 변화시키는 것이다'라고 선언했다.

헤겔의 변증법을 받아들이고 자신만의 사상에 적용하면서
마르크스는 정신이 아닌 사회와 정치적 관계에서 역사를
분석했다. 이 변증법적 유물론에서 정과 반의 모순은 계급
간의 갈등을 의미했다. 예를 들어, 봉건 영주가 정이고 농노가
반이며 이들의 합이 도시 문명을 도출한다. 마르크스는
철학이 일련의 계층적 갈등에 대한 역사를 분석하는 일과
더불어 계급 사회의 향후 변천에 대한 전망을 제시할 수
있다고 믿었다.

마르크스의 역사 분석

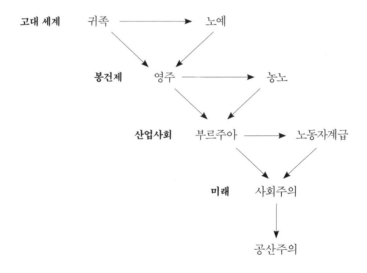

마르크스주의 변증법으로 역사를 분석하면 고대 세계의 불평등이 공산주의의
평등한 사회로 나아간다는 결론이 나온다.

자본론

마르크스의 정치철학은 역사를 일련의 계급투쟁의 관점에서 보았다. 19세기 중반에 이르러 자본주의 고용주와 '노동계급' 간의 적대가 분명하게 드러났다. 자본주의는 산업화된 사회를 주도하는 경제체제가 되었다. 당대 계급 갈등을 분석하는 일환으로 마르크스는 이 체제를 종합적으로 비판하는 『자본론』을 저술했다. 그는 생산수단을 가진 사람은 이윤을 얻기 위한 동기를 가지며 자본의 축적은 노동력에서 비롯된다고 설명한다. 마르크스는 이것이 근본적인 착취 관계이며 노동자들은 그들을 억압하는 체계를 유지하기 위해 일을 하며 궁극적으로 이런 관계가 인간성을 말살하고 소외에 빠지게 한다고 보았다. 한편으로 봉건제를 타파하고 생산수단의 향상과 경제성장을 촉진했다는 데서 자본주의의 긍정적 측면을 인정했다. 그러나 그는 자본주의를 역사의 한 단계로 보았고 변증법적인 관점에서 정이 그 속에 반을 가지고 있으니 변화를 불러올 합이 탄생할 것이라고 여겼다.

사회주의와 공산주의

　역사를 보는 변증법적 관점으로 자본주의가 만연한
체계를 경제적으로 분석하면서 마르크스는 혁명적인
정치철학의 토대를 발전시켰다. 자본가와 노동계급 사이의
적대는 결국 합을 양산해 공산주의하에 계급이 없는 사회를
이룰 것이라고 믿었다. 마르크스는 이 변화는 노동자들의
지속적인 이탈의 결과이지만 자본주의 체계 속에 내재된
불안이 촉발한 것이라고도 보았다. 자본주의의 경제성장
가능성을 인식했지만 마르크스는 주기적으로 자본수의의
위기와 경기 침체가 대규모 실직으로 이어질 것이라고
지적했다. 그래서 결국 자본주의가 붕괴하고 '부르주아의
독재국가'에서 '노동계급의 독재국가'로 권력이 이동해
생산의 주체가 노동자가 될 것이라고 말했다. 마르크스에게
사회주의 '노동자' 민주주의는 사유재산이 없는 무계급
무국적 사회인 공산주의로 나가는 발전 단계로 생각되었다.

민중의 아편

칸트가 본질적인 세상은 우리가 이해할 수 있는 범주 너머에 있다고 주장했을 때(p. 262) 그는 신의 존재한다는 증거도, 그렇지 않다는 증거도 없다는 바를 분명히 했다. 헤겔은 인간은 신으로부터 멀어져 있다고 지적했고 포이어바흐는 신은 인간의 창조물이라고 주장했다. 이렇게 철학에서 종교를 분리하는 일은 거의 마무리되었다. 유물론자이자 무신론자인 마르크스는 신앙이 이성을 대신해 한 계급이 자신의 이익에 반하는 믿음을 가질 수 있게 해 주는 표본이라고 보았다. 종교에 대해 그는 '민중의 아편'이라는 유명한 정의를 남겼는데 종교는 억압과 소외의 현실 속에서 환상 속 행복을 찾기 위한 시도이며 이는 현실을 버리고 그 자리를 진정한 행복을 가져다주는 상상으로 대체한다는 것이다. 이것이 마르크스가 철학과 역사에 접근하는 이성주의적인 관점이며, 철학에 기반을 두고 과학적 방식을 활용해 경제학, 사회학, 심리학과 같은 새로운 학문을 출현하게 만들었다.

니체: 신은 죽었다

프리드리히 니체의 철학은 쇼펜하우어의 영향을 많이
받았다. 니체는 세상은 초월적인 존재가 아닌 비인간적이고
방향성이 없는 의지가 주도한다는 사상에 동의했다. 그러나
니체는 우리가 살고 있는 세상 그 이상의 현실은 존재하지
않기에 우리의 삶은 한 번뿐이라고 믿었다. 플라톤 이후로
많은 철학자들이 다른 세상에 대한 생각을 품었고 물리적인
세상보다 더 나은 곳이 있다는 관념을 전제했으며 대다수의
종교가 우리의 삶은 죽음 이후의 또 다른 '진짜' 세상으로
가기 전의 단계라고 믿었다. 무엇보다도 현재의 도덕과
가치는 고대 그리스철학 사상을 계승한 종교들, 특히
아브라함의 유대교, 기독교, 이슬람교에 의해 형성되었다.
니체는 이런 가치관이 당시 사회에는 적절할지 몰라도
기존의 종교를 따르지 않는 현대 사회에서는 관련성이
없다고 주장했다. 유물론, 과학과 이성이 출현한 현실에서
우리는 이 세상이 전부이며 기존의 종교는 무관하다고
인식해야 한다. 다시 말하면 현대 사회에서 신은 죽은 셈이다.

/ Nietzsche: God is dead

인간과 초인

니체는 우리가 살고 있는 세상이 유일한 현실이며 신도 없고 목적도 없다고 주장했다. 그러면서 그는 세상을 부정하고 겁에 질리기보다는 낡은 철학과 종교 및 그 가치 체계를 거부하고 우리의 인생을 충만하게 살아야 한다고 믿었다. 고대 그리스 철학자들과 후에 기독교에서 칭송한 가치가 우리가 진정한 가능성을 획득하는 일을 막고 있다는 것이 그의 논지다. 우리는 스스로에게 최선인 가치를 직접 선택할 수 있으며 우리를 종교의 노예로 만드는 겸손함보다는 강인함과 능력과 같은 가치를 높게 평가해야 한다고 말한다. '본연의 모습을 찾아라'라고 주장하면서 니체는 선과 악이라는 도덕성의 속박에서 벗어나 삶의 의지 여부에 따라 행동의 도덕성을 판단해야 한다고 강조했다. 이 같은 '권력 의지'는 재능이 있는 개인과 잠재적인 지도자가 나타날 수 있게 해 주며 니체는 이런 인물을 '초인'이라고 지칭했다. 『차라투스트라는 이렇게 말했다』에서 주인공은 '인간은 초월적인 존재다'라고 말한다.

실존주의

19세기 일부 철학자들은 철학 대부분을 주관적인 인간의 경험이 아닌 객관적인 입장에서 바라보는 시각을 거부했다. 쇠렌 키르케고르는 무의미한 세상 속에서 자유로운 의사 결정을 내려야 하는 상황에서 느끼는 혼란과 불안함을 식별한 최초의 철학자이며, 후에 그와 니체는 인간 존재의 본성을 정하는 우리의 결정 방식에 대해 탐구했다. 두 사람 모두 실존주의자로 불리기를 거부했지만 철학적인 접근법의 토대를 형성한 둘의 사상은 나중에 실존수의로 알려졌다. 에드문트 후설의 현상학은 우리의 철학은 우리가 대답할 수 없는 질문들을 배제하고, 알고 있는 세상에 기반을 두어야 한다고 말했다. 특히 마르틴 하이데거의 경우 키르케고르가 처음 설명한 혼란을 한층 진취적으로 설명했다. 모리스 메를로 퐁티가 현상학을 더 발전시켜 나갔으며 제2차 세계대전 이후 이 주관적인 철학적 접근 방식은 장 폴 사르트르와 알베르 카뮈의 문학과 철학 속에서 실존주의로 대중화되었다.

실존에 대한 불안

최초의 '실존주의' 철학자(이 용어가 20세기까지 사용되지는
않았지만)인 쇠렌 키르케고르는 인간이 역사의 변천
과정 속에 일부일 뿐이라는 헤겔의 사상을 반박했다.
그는 우리가 사회나 종교에 의해 세습된 가치관을
받아들이기보다는 스스로의 인생을 규정지을 윤리적인
선택을 할 자유가 있다고 보았다. 키르케고르는 철학에
한층 주관적으로 접근하면서 인간다움이란 무엇인지
살폈고 특히 의사 결정의 자유가 삶에 미치는 영향을
탐구했다. 그는 인생을 의미 있게 만들고 제대로 영위하는
것은 개인의 책임이라고 믿었다. 하지만 완전한 자유는
다소 벅찬 경험이라 우리가 지금 '실존에 대한 불안'이라고
부르는 감정이 생긴다는 점을 인식했다. 키르케고르는
이 '자유의 현기증'이 벼랑 끝에 섰을 때 느끼는 아찔한
감정과 비슷하다고 설명한다. 떨어질까 봐 두렵지만
한편으로는 뛰어내리고 싶은 충동도 생긴다. 그런 감정을
넘어서야겠다는 스스로의 결정을 막을 수 있는 것은
아무것도 없다.

/ Existential angst

후설의 현상학

키르케고르와 니체는 각기 다른 방식으로 삶에 의미를 부여하는 도덕적 결정을 내리는 자유에 대한 주관적인 경험을 탐구했다. 에드문트 후설은 칸트의 사상을 시발점으로 하는 한층 체계적인 접근 방식을 선보였다. 칸트는 우리가 물자체에 대해 이해하지 못한다고 말했지만(p. 262), 후설은 철학이 본체적 세계의 대답할 수 없는 물음들 때문에 혼란을 겪는다고 느꼈다. 그는 이런 문제는 치치하고 우리가 경험하는 '현상적인' 세상에 집중해야 한다고 주장했다. 현상학으로 알려진 이 접근 방식은 자각하고자 하는 개인의 존재에 대한 문제를 '괄호 안에 넣어 두고' 확실히 아는 것만 살피는 방식이다. 후설은 이를 '생활 세계'라고 지칭했다. 현상학은 존재의 모든 목적을 현상으로 다루고 실존 여부를 무시하면서, 직접적인 경험 자체와 그 경험이 무엇을 의미하는지 의식의 본질에 집중할 수 있게 해 준다.

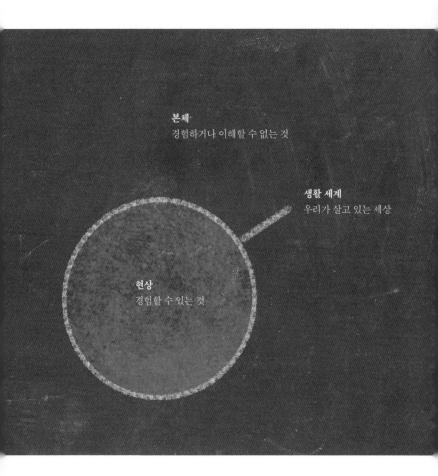

본체
경험하거나 이해할 수 없는 것

생활 세계
우리가 살고 있는 세상

현상
경험할 수 있는 것

하이데거: 존재와 시간

하이데거는 후설의 논문을 읽고 존재의 본성을 살피는데
현상학적 방식을 활용하면서 철학에 입문했다. 후설과
마찬가지로 그는 인간 경험의 목적에 집중하면서 세상에
대한 본질적인 논의를 배제했다. 하이데거는 저서 『존재와
시간』(1927년)을 통해 우리가 스스로의 존재를 자각하고
있으니 현상적인 세계의 일부로 그 존재를 살필 수 있다고
지적했다. 존재가 경험의 대상이기에 특정 공간 속에
자리하고 있는 것이다. 존재는 또한 시간 속에 존재하며
시간에서 분리할 수 없으므로 우리는 과거, 현재, 미래를 가진
경험적 존재이며 존재가 곧 시간이라고 정의했다. 우리는
스스로의 존재를 인식할 뿐만 아니라 그것이 유한하다는
점도 알고 있다. 우리의 삶은 확실한 목적이 없기에 무의미할
수 있다. 그 속에서 의미를 찾는 일은 스스로가 감당해야
하는 과제인 셈이다. 죽음에 대한 자각에 있어서 하이데거는
죽음이란 곧 '존재의 지평선에서 가장 먼 끝'이라고 설명하며
우리의 존재와 삶이 '고유한' 것이라는 점을 이해하는 데
도움을 주었다.

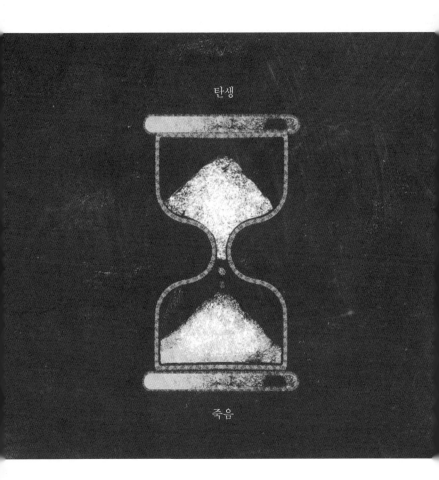

자아 인식

하이데거는 1930년대 나치스에 입당하면서 신임을 잃기
전까지 아주 영향력이 높은 철학자였다. 『존재와 시간』을
통해 보여 준 현상학에 대한 해석은 후대 철학자들 특히
프랑스 철학자들이 '실존주의'를 채택하는 데 영감을 주었다.
그들 중 가장 잘 알려진 인물은 사르트르와 카뮈(pp. 308,
310)이며, 비교적 덜 알려진 인물인 모리스 메를로 퐁티가
후설과 하이데거의 현상학에 체계적인 방식을 적용해 인간의
주관적인 경험을 살폈다. 더불어 메를로 퐁티는 개인적
경험에 치중해 각자가 시간과 공간 속에서 자신만의 장소를
지닌다고 보았다. 우리는 모두 특별한 존재로 현실은 이 같은
개인의 독자적인 관점에서만 이해될 수 있다. 그리고 그는
세상 속 대상만을 경험하는 것이 아니라 존재 자체, 즉 자기
인식도 경험한다고 주장했다. 이는 인간의 경험을 특별하게
만들어 주는 요소다. 다른 물리적인 존재와 달리 우리는
주관적인 자각과 객관적인 자각을 모두 할 수 있기 때문이다.

자아 인식은 현실 속 개인의 독창적인 관점을 알려 주지만 그것이 완전히
개인적이고 주관적이라는 사실을 인식해야 한다.

철학과 문학

철학에 대한 두드러진 프랑스식 접근법은 19세기 후반 프랑스의 풍부한 문학 전통에서 발전했다. 부분적으로는 쇼펜하우어, 니체와 같은 철학자들의 문학 양식에서 영감을 얻었고 실존주의의 주관적인 관점도 영향을 끼쳤다. 앙리 베르그송은 철학과 문학의 경계가 항상 분명하지 않다고 주장했고 이를 담은 철학 책을 통해 1927년 노벨 문학상을 수상했다. 그 밖에 장 폴 사르트르와 알베르 카뮈와 같은 인물들이 문학 작품 속에 자신의 철학 사상을 드러내면서 제2차 세계대전 이후 실존주의 부흥에 불을 지폈다. 문학 비평 역시 20세기 프랑스 철학을 형성하는 데 한 역할을 담당했고 언어학과 기호학 분야(pp. 314, 316)의 성장에 기여했다. 루이 알튀세르, 자크 라캉, 미셸 푸코, 자크 데리다와 같은 구조주의자들은 철학 담론을 언어 구조 이상은 아니라고 보았다. 실존주의와 구조주의는 전 세계적으로 큰 인기를 끌었지만 철학의 주류와는 큰 차이를 보였다.

영속적인 흐름으로서의 현실

앙리 베르그송은 다윈의 진화론에 큰 영향을 받아 인간과 세상은 진화론의 한 과정으로 이해될 수 있다고 믿었다. 헤라클레이토스(p.38)와 마찬가지로 베르그송 역시 현실은 계속되는 흐름이라고 보았다. 모든 것이 지속적으로 변하고 진화하고, 시간의 흐름은 모든 현실의 근간이 된다고 생각했다. 이 연속성의 일부로 우리는 감각이나 생각이 아닌 방식으로 직접 경험하며, 시간의 흐름과 우리의 내적 경험은 동일한 것이리고 보았다. 베르그송은 이를 생명력이라고 칭하며 진화의 과정을 이끄는 주체로 믿었다. 이와 대조적으로 우리의 인식은 진화에 따라 결정되며 감각은 세상에 대한 생각을 제공해 주지 못하고 그저 생존에 도움을 준다. 따라서 감각은 생존에 필요한 것이 무엇인지 알려 줄 뿐, 세상에 대한 객관적인 그림을 그려 주지 못한다. 그러므로 우리는 주위 세상에 대한 불완전한 지식을 가지게 되며, 개인의 고유한 관점에서 얻은 상대적인 지식을 지속되는 현실 속 직관을 통해 얻은 지식과 비교해야 하는 것이다.

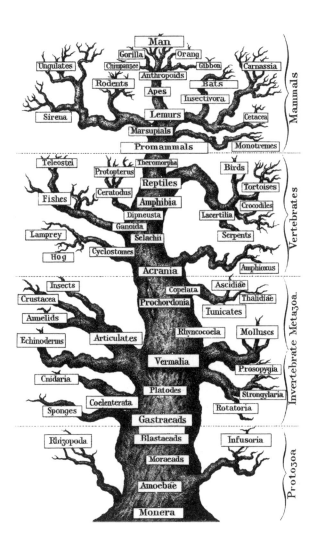

존재와 무

철학 강사로 일을 시작한 장 폴 사르트르는 이내 소설가와
극작가로 이름을 알렸다. 그는 문학과 철학에서 가치
체계를 선택하고 삶의 의미를 찾아 나아가는, 자유에 대한
키르케고르와 니체의 사상을 탐구했다. 사르트르의 주요
저서인 『존재와 무』(1943년)는 후설과 하이데거의 현상학에
영향을 받은 것이다. 사르트르는 우리가 하느님의 의도에
의해 창조된 것이 아니므로 삶에서 자신만의 목표를 찾아야
한다고 설명한다. 자신만의 규칙과 가치 체계를 만들어
나가면서 어떤 삶을 살아갈 것인지 결정하고 스스로를
효과적으로 만들어 내야 한다는 것이다. 그에 따르면 존재는
본질보다 우선한다. 우선 존재한 다음 자신을 마주하고
'실존에 대한 불안'을 경험하는 것이다. 그 과정을 우리가
선택하고 이끌어 나갈 것이냐 그저 현재의 가치관을
받아들일 것이냐는 개인의 몫이다. 사르트르는 후에 공산당에
가입하고 실존주의자로서의 관점을 바꾸어 사회적 가치에서
완전히 벗어나는 자유를 누릴 수는 없다고 주장했다.

/ Being and Nothingness

유의미성에 관한 터무니없는 요구

사르트르의 소설과 희곡을 통해 실존주의는 1950년대 '패배의 세대'인 젊은 지식인들 사이에서 인기를 끌었다. 사르트르의 친구인 알베르 카뮈의 소설 역시 그만큼 영향력이 높았는데 카뮈는 실존주의에서 도출한 자유의 선택에 집중하기보다는 존재의 덧없음에 초점을 맞추었다. 우주에는 신이 없고 의미도 없으며 그보다 중요한 것은 인간 개개인의 존재도 대단치 않다는 것이다. 우리는 삶이 중요해야 한다고 느끼고 존재의 의미를 찾으려고 하지만 그건 덧없는 추구다. 카뮈는 의미를 찾으려고 하는 행위가 부질없다고 여겼다. 우리는 삶에 의미가 없다는 점을 받아들여야 한다. 그렇다면 인생은 살아갈 만한 가치가 있는가? 카뮈는 이를 철학의 근본 질문이라고 생각했다. 자살은 대답이 아니며 그저 삶에 항복하는 것에 불과하다. 그는 존재의 터무니없음을 인식하고 그 부정의에 맞서는 것이 더 나은 행위라고 믿었다. 카뮈의 사상은 20세기 말 '부조리 연극'의 극작가인 사무엘 베케트(사진), 외젠 이오네스코, 에드워드 올비, 톰 스토파드 등에게 영향을 미쳤다.

/ An absurd demand for significance

제2의 성

20세기 말까지 철학은 거의 남성의 독점 영역이었다. 일부 여성 철학자들이 있었지만 남성의 그늘에 가렸고 주류 철학자라기보다는 정치 활동가로 더 알려졌다. 여기서 시몬 드 보부아르는 실존주의를 자신의 정치 토대로 만들었다. 『제2의 성』에서 그녀는 남성 주도 사회가 여성의 모습을 결정한다고 말했다. 남성은 인간으로 정의되지만 여성은 여성이라는 것이다. 그녀는 물리적인 여성과 사회적인 여성성의 체계 사이에는 차이가 있다고 보았다. '여성은 타고나는 것이 아니라 만들어지는 것이다.'

실존주의자로서 애인 사르트르와 마찬가지로 보부아르는 스스로를 정의하는 가치를 자유롭게 선택하고 현존하는 표준이 아닌 자신만의 삶을 창조할 수 있다고 보았다. 그래서 여성들은 관습적인 수동적 여성성에서 탈피해야 하며 남성을 모방해 여성으로서 고유한 존재가 되도록 해야 한다고 주장했다. 1949년에 저술한 『제2의 성』은 1960년대 여성 해방 운동과 페미니즘의 '제2의 물결'을 불러일으키는 데 영감을 주었다.

1970년 워싱턴 D.C.의 거리에서 여성의 자유를 주장하는 사람들이 행진하는 모습.

언어학과 기호학

과거에 철학의 분과로 생각되던 여러 주제들이 19세기 과학적 원리들에도 나타났다. 심리학, 경제학, 사회학과 더불어 사상가들은 과학적 방식을 언어 연구에도 적용했다. '언어학'의 토대를 개척한 인물은 언어의 구조를 살피고 개념을 구성하는 '언어 기호 체계' 이론을 발전시킨 페르디낭 드 소쉬르다. 그의 이론은 기표와 기의 사이의 관계를 연구하는 언어학의 토대가 되었다. 롤랑 바르트는 정치적인 측면에서 언어와 기호의 활용 방식을 분석하고 기호학 이론을 문학 비평과 일반 문화에도 적용했다. 마르크스주의자로서 그는 기호가 부르주아의 문화적 가치에 어떻게 사용되었는지 설명한다. 특히 문학과 언어 분야에서 좌파 성향을 지닌 그의 과학적인 분석은 사르트르, 카뮈와 같은 프랑스 철학자들과 함께 후대 구조주의자에게 매우 큰 영향을 미쳤다.

기의
개념

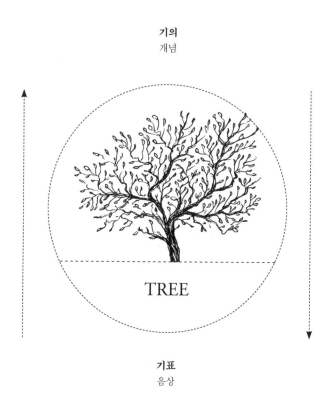

TREE

기표
음상

구조주의

실존주의는 제2차 세계대전 이후 프랑스와 유럽 전역에서 상당히 두드러진 철학이 되었다. 한편 1960년대에 이르러 프랑스 지식인들 사이에서 이에 대적하는 운동이 일어났다. 사르트르는 마르크스주의에 심취해 인간의 자유와 선택에 대한 생각을 바꾸었고 이후 세대는 현상학과 실존주의를 완전히 거부했다. 그 대신 루이 알튀세르와 같은 마르크스주의 철학자들은 인간의 행동은 체계에 의해 결정되며 철학은 언어 체계의 통치를 받는 담화라고 보았다. 이런 접근 방식을 구조주의라고 부르는데 롤랑 바르트의 기호학 이론에서 영감을 받았고 프랑스의 전통 문학 비평과도 긴밀한 관련이 있다. 또한 자크 라캉의 정신분석 이론, 클로드 레비스트로스의 인류학에도 영향을 미쳤다. 구조주의는 알튀세르와 바르트의 사상에서 발전했기에 미셸 푸코와 자크 데리다와 같은 젊은 좌파 철학자들의 사상으로 자리 잡았다. 그들은 담화와 인간의 행동은 언어 체계로 인해 결정되므로 언어적인 분석으로 설명될 수 있다고 주장했다.

문화적 요인은 더 크고 대단히 중요한 체계와의 관계 속에서 이해되어야 한다는
구조주의자들의 사상은 건축을 포함한 여러 예술 형태에 영향을 미쳤다.

해체

　구조주의는 종종 인생을 어떻게 살아갈 것인지 선택하는 실존주의적 자유 관념의 대안으로 등장한다. 그러나 일부 사람들은 특히 언어학에 토대를 둔 구조주의가 과도한 결정론으로 흐른다고 보았다. 바르트와 푸코는 언어가 사상을 전달하고 권력을 활용하는 방식에는 분명한 구조나 과학적 '법칙'이 있다기보다 해석에 자유가 있다고 주장한다. 언어를 분석하는 방식을 활용하는 후기구조주의 운동은 해체론으로 알려진 의사소통과 담화를 포함한다. 이 개념은 데리다가 『그라마톨로지Grammatology』(1967년)를 통해 구상한 것으로 '텍스트 바깥에는 아무것도 없다'는 명언으로 현실에 대한 경험, 철학은 언어가 없이는 이루어질 수 없다고 보았다. 언어에 관한 비평은 그 속에 내재한 의미뿐 아니라 모호함까지 알려 준다. 후기구조주의는 해체론을 통해 현실이나 진실에 대해 분명 타당해 보이는 진술들이 지닌 역설적인 특성을 알려 주며 그것들이 자기 참조와 순환 논법을 토대로 한다는 증거를 제시했다.

미국의 철학

18세기에 독립을 성취했지만 미국에는 여전히 유럽의
문화가 남아 있었다. 19세기에 들어 뉴잉글랜드의 문학 집단
내에서 미국의 지적 전통이 출현했다. 랠프 왈도 에머슨의
비非국교도 사상에서 발전한 이론은 그가 초월주의라고
부르는 관념론의 토대가 되었고, 이는 미국식 낭만주의로
헨리 데이비드 소로를 비롯한 작가와 시인들에게 흡수되었다.

19세기 말 미국 철학은 과학적 사고의 영향을 한층 더
많이 받게 되었다. 수학자인 찰스 샌더스 퍼스와 심리학자인
윌리엄 제임스가 지식과 진실에 실용적으로 접근하고 우리
삶에 실질적인 영향을 미치지 않는 철학 사조를 배제하는
실용주의 운동의 선구자가 되었다. 이 운동이 20세기
미국에서 '자생'한 철학으로 존 듀이와 리처드 로티와 같은
인물들에 의해 정치와 교육 분야에 적용되었다.

1875년에 촬영된 보스턴 지식인 집단의 사진으로 랠프 왈도 에머슨의 모습(앞줄에 앉은 사람)도 보인다.

초월주의

1836년 『자연Nature』을 통해 랠프 왈도 에머슨은 유럽 낭만주의와 일부 비슷한 인간과 자연의 근본적인 미덕을 토대로 한 철학을 발전시켰다. 그 본질은 기존의 정치, 사회, 종교적인 직관에서 벗어나 자연과 조화를 이루는 단순하고 자신감에 충만한 삶을 살아야 한다는 것이다. 이 방식을 통해 개인은 완전한 잠재력을 발휘하고 더 풍부한 자각을 얻을 수 있다. 에머슨은 개인주의를 비롯해 진실과 선과 같은 가치의 의미를 스스로 발견하는 데 중점을 두었으며 당대 비국교도의 실천과 같은 단순한 종교 신념을 옹호했다. 그의 추종자 중에서 헨리 데이비드 소로는 개인주의와 비국교도의 사상을 발전시켜 무정부주의(p.392)에 가까운 반체제 철학을 수립했다. 소로는 또한 저서 『월든』(1854)을 통해 후에 환경 결정론이 된 자연과 조화를 이루는 공동체 생활 속 단순한 삶을 보여 주었다.

WALDEN;

OR,

LIFE IN THE WOODS.

BY HENRY D. THOREAU,

AUTHOR OF "A WEEK ON THE CONCORD AND MERRIMACK RIVERS."

I do not propose to write an ode to dejection, but to brag as lustily as chanticleer in the
morning, standing on his roost, if only to wake my neighbors up. — Page 92.

BOSTON:
TICKNOR AND FIELDS.
M DCCC LIV.

실용주의

과학의 출발점에서 지식, 현실, 사실에 대한 철학적 논의는 우리가 사는 세상이 아닌 언어적인 논쟁에 중점을 둔다. 수학자이자 논리학자인 찰스 샌더스 퍼스는 철학적 의구심은 종종 이 같은 함정에 빠져 실제로 소용이 없는 개념을 양산한다고 생각했다. 그는 후에 실용주의라고 부르는 다른 접근 방식을 제안했다. '개념의 대상이 미치는 실질적인 효과를 생각하라. 그러면 그 효과를 지닌 개념이 대상의 개념 전체가 된다.' 무언가의 의미를 파악하고자 한다면 그것이 상황이나 문제에 어떤 차이를 가져다주는지 살펴야 한다. 곧바로 인식할 수 있는 효과를 내지 못하는 우리의 감각은 실용주의자들에게는 아무런 의미가 없다. 실용주의는 진술의 사실 여부를 그다지 중요하게 생각하지 않으며 이를 받아들이는 실제 적용 방식이 사실인지를 살핀다. 그러므로 지식은 사실이나 확정으로 구성된 것이 아니라 타당한 설명을 토대로 한다. 그리고 그 설명은 더 이상 타당하지 않거나 효용이 없을 때 대체되거나 개선할 수 있다.

개념의 대상이 미치는 실질적인 효과를 생각하라.
그러면 그 효과를 지닌 개념이 대상의 개념 전체가 된다.

— 찰스 샌더스 퍼스

사실과 유용성

　퍼스의 실용주의는 친구이자 하버드 대학교 동료인 윌리엄 제임스에게 큰 영향을 끼쳤다. 제임스는 상당히 가독성 좋은 문체를 지녀(그의 동생이 소설가 헨리 제임스Henry James다) 퍼스의 이론을 널리 알리고 한층 다듬는 데 도움을 주었다. 퍼스가 진술이나 용어의 의미에 집중했다면 제임스는 진실에 대해 주로 생각했다. 진술이 타당한 설명을 제공해 예측이나 통찰을 할 수 있게 해 준다면 진실로 여겨졌다. 우리가 해야 하는 유용한 행동을 알려 준다면 말이다. 제임스는 숲속에서 길을 잃었다가 오솔길을 발견한 남자의 예를 들었다. 그 사람은 그 길이 안전하게 숲을 빠져나가게 해 줄 것이라고 믿거나 아니면 그냥 그 자리에서 굶어죽기를 결정할 수 있다. 어떤 선택을 하던 남자의 행동은 믿고자 하는 진실을 만든다. 제임스는 진정한 믿음이란 그것을 믿는 사람과 사실이 모두 유용한 것이라고 말한다.

　진실은 사실에서 나온다. …… 사실은 그 자체로 진실이 아니다. 그냥 그렇다. 진실은 그 속에서 시작하고 끝맺을 수 있는 믿음으로 기능하는 것이다.'

철학 대 심리학

윌리엄 제임스는 철학자가 되기 전에 의학을 공부했다.
두 학문을 접목해 그는 새로운 심리학을 이끄는 인물이
되었다. 추상적이고 추측에 근거하기보다는 결과를 직접 보여
주는 것을 강조하는 실용주의로 인간 행동과 정신의 작용
과정에 대한 객관적인 연구가 가능하다는 것을 입증했다.
제임스는 순수한 추론을 통한 철학 이론 형성과는 구분되는
관찰, 실험, 데이터 분석을 통한 과학적인 방식을 정립하는
데 도움을 준 진정한 심리학자 중 한 사람이다. 그는 또한
미국의 실험심리학 과정을 처음 세운 장본인이기도 하다.
특히 철학자들이 오랫동안 생각해 왔지만 과학적으로 철저히
검증할 엄두를 내지 못했던 의식에 대해서 심리학적으로
설명했다. 그는 의식이 정신 작용의 일부며 우리가 다양한
사고를 조직하고 관계 맺는 방식이라는 점을 보여 주었다.
의식을 연속 과정이라고 설명하면서 제임스는 '의식의
흐름'이라는 중요한 개념을 도입했다.

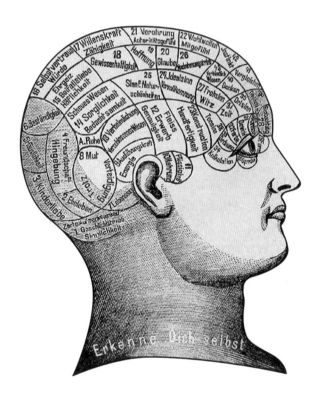

마음의 과학

심리학은 철학에 뿌리를 두고 발전했지만 인간의 마음과 행동에 대한 이해를 토대로 한 과학적인 학문이라는 것을 입증했다. 자연과학이 과거 형이상학의 범주였던 의문에 답을 하기 시작하면서 실험심리학이 인식론과 의식의 문제에 대해 과학적인 설명을 하게 되었다. 철학자들이 주관에 근거해 추론을 하고 자기 성찰에서 출발하는 데 비해 심리학은 단순한 관찰이 아닌 실험을 통한 증거를 가지고 설명한다. 행동 심리학자들은 우리가 지식을 얻고 학습하는 방법을 탐구하는 실험을 계속 발전시켜 나가면서 인간뿐 아니라 동물도 관찰했다. 이후 인지심리학이 뇌가 정보를 처리하는 방식을 살피면서 그 주안점을 '마음'에서 '두뇌'로 옮겼고 심리학은 철학적 가정에서 벗어나 신경 과학과 한층 더 긴밀해졌다. 컴퓨터 기술의 발전으로 전자 데이터 처리 방식 역시 인간의 두뇌에 대한 심리학적 해석에 영향을 미쳤다.

동물의 행동 연구를 통해 미로와 같은 문제를 풀 때
인간의 뇌가 어떻게 작용하는지 조금이나마 단서를
얻을 수 있었다.

실천에 의한 학습

퍼스가 제안한 실용주의의 주요 사상 중 하나는 지식이 사실이 아닌 타당한 설명에 기반한다는 것이다. 같은 맥락에서 과학이 새롭고 더 나은 것으로 교체될 수 있는 타당한 설명을 제공하듯 우리는 자신에게 필요한 행동에 관한 정보를 주는 지식을 인식한다. 사고와 학습의 목적은 행동을 하기 위한 것이고 특히 세상에서 살아남는 것이 목적이지 세상에 대한 정확한 그림을 그리려고 하는 것이 아니다. 미국 실용주의의 차세대 주자 존 듀이는 우리가 살기 위해 배우며 지식은 우리가 이해하고자 하는 세상에 대한 (관찰이 아닌) 참여에서 얻어진다는 퍼스의 의견에 동의했다. 이 과정은 과학적인 방법처럼 이루어진다. 문제를 마주하면 그것을 분석하고 가능한 해결책을 찾은 다음 실험을 통해 살핀다. 잘 작용하면 문제가 해결되는 것이고 그렇지 않으면 다른 해결책을 생각해야 한다. 실제로 우리는 문제가 닥쳤을 때만 생각을 하므로 지식을 얻는 가장 좋은 방법은 이론을 세우거나 배운 것을 암기하는 것이 아니라 해야 하는 일에 활발히 개입하는 것이다.

/ Learning by doing

신실용주의

실용주의자들에게 지식은 세상을 정확하게 구현하는 것이 아니라 적절한 설명을 제공하는 일이다. 1960년대 후반부터 실용주의의 전통에 따라 연구하면서 유럽 구조주의와 후기구조주의에도 영향을 받은 리처드 로티는 실용주의 사고가 사회와 역사적인 맥락에 어떤 영향을 끼치는지, 언어와 얼마나 긴밀한 연관이 있는지를 잘 보여 주는 신실용주의 사상을 발전시켰다. 그의 실용주의는 지식이 '자연의 거울'이라는 관념, 즉 우리의 경험이 이성을 매개로 세상의 진정한 모습을 전한다는 관념에서 벗어나는 데서 시작한다. 그는 우리가 감각을 통해 정보를 개념화하고 그 개념을 언어의 형태로 만드는 작업을 통해서만 인식할 수 있다고 주장했다. 그런 다음 언어를 통해 학습하고 지식의 여부를 판단하는 기준은 현실을 얼마나 정확하게 반영하고 있느냐가 아니라 우리를 이끌어 줄 세상이 어떻게 말하느냐에 있다고 보았다. 진술이나 용어의 의미는 세상의 무언가를 대변하는 것이 아니라 유사성과 활용의 산물이다.

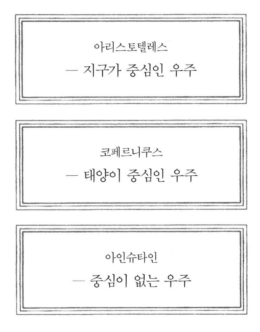

아리스토텔레스
— 지구가 중심인 우주

코페르니쿠스
— 태양이 중심인 우주

아인슈타인
— 중심이 없는 우주

아리스토텔레스, 코페르니쿠스, 아인슈타인은 우주에 대한 다른 관념을 가졌지만 각각은 당대에 가장 적절한 정의로 여겨졌다.

현대 논리학

논리학은 그리스 철학자들에 의해 철학의 한 분야로 성립되었으며 아리스토텔레스(p.84)가 체계적으로 설명했다. 논리학은 삼단논법의 형태로 19세기 말까지 실질적으로 아무런 변화 없이 이어져왔다. 수학자들, 특히 고틀로프 프레게가 논리와 수학은 분리할 수 없으며 수학이 논쟁으로 이루어지고 논리를 토대로 증명한다는 사실을 인식하면서 마침내 변화가 찾아왔다. 이는 철학도 논리에서 비롯되었다는 사상을 지닌 초기 영국의 분석철학에 영감을 주었다. 그 선두주자인 버트런드 러셀이 처음으로 철학적 진술을 논리로서 분석했다. 분석적 접근법은 독일어권 철학자들에게 영향을 미쳤고 그곳에서 논리실증주의(p.350)로 발전했다. 러셀의 영향은 루드비히 비트겐슈타인의 언어철학에 지대한 영향을 미쳤다. 언어를 철학적으로 분석하는 것과 더불어 언어학을 과학으로 보는 관점이 대두되면서 자체적인 철학적 적용 방식이 생겨났다.

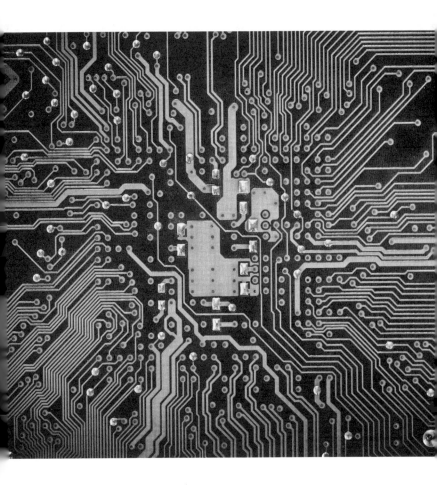

수학과 논리학

『개념표기Begriffsschrift』(1879년)를 통해 독일의 수학자 고틀로프 프레게는 2천 년 이상 견고하게 유지되어 왔던 논리에 대한 관점을 뒤집었다. 당시 논리는 사고하는 방식에서 비롯된 '규칙'으로 여겨졌다. 처음으로 프레게는 논리는 객관적이고 그 활용 방식과는 아무런 상관이 없다고 주장했다. 논리적 명제는 객관적인 진실이며 서로 관계가 있는지 여부와 상관없이 인간의 심리를 고려하지 않는다. 프레게는 또한 수학은 일련의 논쟁과 증명으로 이루어져 한 가지가 다른 것을 어떻게 따르는지 보여 주는 학문이므로 논리와 같은 원칙이 적용된다고 지적했다. 이때까지 수학도 언어처럼 인간의 창조물이라는 기존의 관점이 이어져 왔지만 프레게의 주장은 수학은 객관적이고 보편적이라는 사실을 보여 주었다. 우리는 수학을 창조하는 것이 아니라 물리 법칙을 발견하듯이 찾아내는 것이다. 프레게가 지적한 수학과 논리 사이의 연관성은 또한 논리학이 삼단논법 그 이상이며 철학에 더 강력한 도구가 될 수 있다는 점을 입증했다.

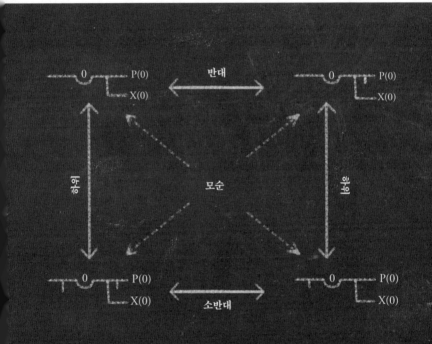

반대

모순

소반대

『개념표기』를 통해 프레게는 철학적인 문제를 분석하는 개념적인 체계를 정립했다.
이 도식에서 보듯이 그는 자신의 사상을 삼단논법 (p.84)에 적용시켰다.

논리학 대 인식론

논리학은 인간의 마음이 만들어 낸 산물이 아니라 우주의
객관적인 진실로 이루어져 있다는 프레게의 통찰은 철학에
완전히 적용되었다. 그는 수학도 논리학과 같은 원칙을
따르기에 똑같이 객관적이라고 말한다. 그러나 철학에 내재된
추론의 과정 역시 논리적인 원칙에 따르는 일련의 논쟁과
입증이며 인간의 어떤 창조물과도 유사하지 않다. 따라서
철학적 진실은 우리의 마음속 작용 방식과는 별개로 수학적
진실을 발견하는 것과 같이 객관적이어야 한다.

그러나 근대 철학 상당수가 우리가 아는 것과 알 수 있는
것은 모두 마음의 산물이며 철학적 진실과는 무관하다는
인식론을 토대로 한다. 철학이 우리의 지식에 대한 객관적인
진실을 발견하고자 한다면 인식론이 아닌 논리를 토대로
해야 한다는 사실을 분명히 하고 있다.

수학 원리

프레게의 업적은 소규모 수학자 집단 내에서만 논의되었고
버트런드 러셀이 발견하기 전까지 철학자들의 흥미를 끌지
못했다. 러셀은 케임브리지 대학교에서 철학과 수학을
공부했고 『수학의 원리Principles of Mathematics』(1903년)에서 산술과
모든 수학은 논리에서 비롯되었다는 주장을 펼쳤다. 그와
동료 알프레드 노스 화이트헤드는 10년 뒤 3권 분량의 방대한
저서 『수학 원리Principia Mathematica』를 통해 이를 증명하고자
했다. 그 뒤로 러셀은 전적으로 철학에 집중하면서 논리에
관해 연구했다. 이 같은 선택은 같은 주제로 19세기에
책을 저술한 자신의 대부 존 스튜어트 밀의 영향을 받은
듯하다. 프레게와 마찬가지로 러셀은 철학에 논리와 수학을
비약적으로 적용할 수 있다는 점을 인식했다. 러셀은 논리는
우주의 진리를 객관적으로 담고 있기에 과학과 철학이 모두
논리를 토대로 하고 있으니 우리가 세상의 객관적인 지식을
발견할 수 있다고 생각했다.

분석철학

러셀은 전통적인 경험주의에서 출발해 동료 조지
에드워드 무어와 함께 19세기를 점유하던 관념론에서
벗어난 영국의 철학 운동을 주도했다. 『수학의 원리』를
통해 수학과 논리는 떼려야 뗄 수 없는 관계라는 점을
입증한〔p.342〕 러셀은 논리가 철학적 질의의 토대가 되어야
한다는 것을 증명해 보였다. 논리학은 객관적이고 보편적인
진실로 이루어졌기에 인식론에서 보여 주는 추론보다
세상에 대한 우리의 지식의 확고한 토대다. 지식에 관한
진술을 논리적으로 분석하는 기법을 적용하면 이를
객관적으로 평가할 수 있다. 철학적 의구심에 대한 이
같은 접근은 분석철학으로 알려지게 되었다. 철학 진술을
논리적으로 분석하려면 우선 수학과 마찬가지로 공식적인
문법과 기호, 논리의 상징을 활용해 논리적인 형태를
갖추어야 한다. 그런 다음 하나의 철학적 논쟁은 수학의
증명과 같은 방식으로 논리의 규칙에 따라 타당성을 입증할
수 있다.

$$\exists x \forall y (\phi(y) \iff y = x \land \psi(y))$$

진리와 논리학

분석철학은 철학적 논쟁을 살필 때 한층 과학적인 방법을 보여 준다. 그러나 이를 일련의 논리적 명제로 만드는 데는 문제가 있다. 타당성을 입증하기 전에 미사여구가 많고 난해한 철학자들의 언어를 최대한 단순하게 만들어야 하는데 숫자와 상징, 의미의 문제를 담고 있는 철학의 단어와 어구가 수학이나 논리적 명제처럼 분명하지 않는 경우가 많아서 가끔 명제의 진실을 확립하기 어려울 수 있다. 같은 논리적 형태에서 비슷해 보이는 진술도 논리를 적용해 보면 상당히 다른 경우도 있다. 예를 들어, '스페인 국왕은 대머리다'라는 말은 의미가 분명해 그 진위 여부를 실증적으로 알아볼 수 있다. 그러나 동일한 논리 형태를 가졌고 의미도 분명한 '프랑스 국왕은 대머리다'라는 진술은 진실일까 거짓일까? 현재 프랑스에는 왕이 없으니 어떻게 알아볼 수 있을까? 타당한 논리 형태를 갖추었지만 이런 진술은 전혀 의미를 담고 있지 않을 수 있다.

대다수의 유니콘은 흰색이다.

논리-철학 논고

러셀의 제자인 루드비히 비트겐슈타인은 분석철학의
원칙을 수용한 뒤 칸트와 쇼펜하우어가 인식론을 활용한
방식과 같이 논리를 사용해 지식의 한계를 탐구했다. 『논리-
철학 논고Tractatus Logico-Philosophicus』(1921년)에서 그는 세상을
이해하려면 세상을 논리 체계를 갖춘 명제로 이루어진
언어로 설명해야 한다고 주장했다. '언어는 명제들의 총체다.'
'사물이 아닌 사실들의 전체'인 세상 역시 구조화할 수 있고
언어는 논리가 세상을 묘사하는 것과 동일한 방식으로
드러내거나 '지도화'할 수 있다는 것이다. 이 모든 것들이
'진정한 명제의 전체성'이라는 말로 정의되는데 경험이라는
현상 세계를 경험적으로 입증할 수 있다는 뜻이다. 철학은
이 현상 세계에 대한 진술로, 즉 자연과학에 대한 진술로
스스로를 한정지어야 한다. 언어가 의미 있게 진술할 수 있는
대상에는 한계가 있기 때문이다. 비트겐슈타인은 윤리와
종교와 같은 주제는 여전히 중요하지만 그 자체에 의미 있는
명제를 만들 수 없는 '신비로운' 분야라고 말한다.

논리실증주의

러셀 덕분에 프레게의 논리에 관한 주장이 폭넓게
전파되었다. 1920년대에 이르러 철학에 새로운 논리를
결합한 인물은 비단 영국 사상가들만은 아니었다. 비엔나
학파로 알려진 과학자와 수학자 집단이 과학에 철학적
토대를 세우고자 생겨났다. 이들은 세상에 대한 진리를
제공하는 것은 철학이 아니라 과학의 역할이라고 믿었고
철학의 역할은 과학이 작용하는 논리적 틀을 마련하는
것이라고 보았다. 이들이 발전시킨 논리실증주의는
분석철학이 접근한 것과 마찬가지로 논리 기법을 과학의
명제에 적용한다. 과학적 사상과 이론에 대해 분명하고
객관적으로 토론하며 우선 과학적 진술 언어를 논리 명제로
분석해 그 의미를 파악하고 의미가 없는 부분을 걸러낸다.
논리실증주의자들에게 하나의 명제는 엄격한 논리적 잣대를
충족시키고 경험론적으로 입증이 되어야 진리로 인정받는다.
입증할 수 없는 것들은 의미가 없는 것이다.

1922년 철학자 모리츠 슐리크(위 사진)가 세운 비엔나 학파에는 수학자 한스 한,
사회학자이자 경제학자이며 철학자인 오토 노이라트도 속해 있다.

도구로서의 언어

　20세기 중반에 들어 분석철학이 영어권 철학의 주요 사상이 되었다. 비엔나 학파 소속 학자들이 나치즘을 피해 영국과 미국으로 망명하면서 논리실증주의의 영향력이 커졌고 무의미에 대한 엄격한 기준은 과학뿐 아니라 언어의 모든 형태에 적용되었다. 분석철학은 철학적 질의 대신 언어 분석에 주로 사용되었다. 그러나 모든 영국 철학자들이 이 경향을 받아들인 것은 아니며 조지 에드워드 무어와 같은 일부 철학자는 언어의 논리적 분석에 '상식'을 적용해야 한다고 주장했다. 비트겐슈타인 역시 이 논쟁으로 돌아가 자신의 『논리-철학 논고』가 자기 모순적이라는 사실을 깨달았다. 그 속에는 세상을 보여 줄 수 없는 명제들만 가득해 의미가 없다는 것이다. 그래서 비트겐슈타인은 완전히 다른 언어철학을 발전시켰고 현실을 '그리는' 언어라는 은유를 버리고 언어 자체를 도구로 사용했다. 단어와 개념은 특정한 대상을 의미하지 않으며 사용자의 의도와 맥락 속에서 의미를 도출한다.

/ Language as a tool

언어학

영국과 유럽 대륙의 철학은 20세기에 들어 언어와의
관계를 한층 깊이 있게 탐구하기 시작했다. 분석철학은
철학적 진술을 논리적인 형태로 만들어 언어 자체의 철학에
대한 흥미를 높였고, 프랑스에서는 문학 철학 전통이 언어
체계를 토대로 하는 철학인 구조주의로 파생되었다. 이
경향은 언어학 자체의 성장을 반영한다. 이 신생 과학의
목표는 과학적인 방법을 활용해 언어를 연구하는 것이지만
언어철학과의 교류노 이루어졌다. 무엇보다도 언어학은
문법, 의미 등의 관점에서 언어의 체계를 다루는 학문으로
구조주의 운동에 영향을 미쳤다. 또한 언어가 진화하는 방식,
구분법, 모든 언어에 내재된 보편적인 체계가 있는지 등을
연구하는 학문이기도 하다. 우리가 언어를 습득하고 생각을
표현하는 방식을 연구한다는 점에서 철학적 함의도 갖는다.

jezik limbă הפשה język la langue
dil linguagem kieli език اللغة
язык **language** taal
idioma 言語 tungumál γλώσσα
kalba језика språk bahasa
lingua sprache lugha lingwa 언어

보편문법

언어학에서 발생하는 의구심 중 하나는 모든 인간의 언어에 보편적인 문법 체계가 존재하는지의 여부다. 비슷한 문법을 공유하는 어족이 있지만 많은 다른 어족들은 공통점이 전혀 없어 보인다. 이 문제에 대한 해답은 후에 정치권력을 비판적으로 분석해 널리 알려진 놈 촘스키에게서 나왔다(p.384). 그는 어떤 언어든 간에 아이들이 주어진 자극보다 한층 더 빨리 모국어를 능숙하게 익힌다는 점을 발견했다. 촘스키는 우리가 언어 체계에 대한 타고난 지식을 가지고 있으며 이 체계가 모든 언어에 공통되는 보편 혹은 '일반' 문법이라고 결론지었다. 언어에 보편적인 체계가 있다는 사상은 논리와 수학의 연관 관계와 유사하지만 선천적인 이해에 대한 생각은 데카르트의 합리주의를 연상시키며 경험주의자들의 전통 속에서 과학적인 학문이 되어야 한다는 언어학의 주장과 일치하지 않는 면이 있다.

인공지능

    과학과 기술이 발달하면서 과거 사람만이 할 수 있었던 일을 기계가 처리할 수 있게 되었다. 복잡한 컴퓨터 프로그래밍 덕분에 단순한 계산의 범주를 넘어선 연산이 가능해지고 언어를 활용하는 능력을 포함한 '인공지능'을 갖추게 되었다. 기계가 인간의 행동을 모방할 수 있게 되었지만 실제로 사고가 가능할까? 수학자이자 컴퓨터 공학의 길을 개척한 앨런 튜링은 기계의 지능을 보여 줄 수 있는 난순한 실험을 제안했다. 기계와 인간 모두 일반적인 인간의 언어로 질문을 받고 같은 언어로 대답한다. 심사의 공정성을 위해 누가 어떤 답변을 했는지 밝히지 않았다. 그 결과 기계는 실험을 통과했고, 지능을 가졌다는 것이 입증되었다. 현대 컴퓨터는 이 과정을 성공적으로 해내며 우리가 인간의 두뇌와 같은 방식으로 정보를 처리하도록 프로그래밍하고 '퍼지 논리' 같은 개념을 도입하도록 만들었다. 하지만 그렇다고 기계가 '사고'한다고 볼 수 있을까? 의식이라고 부르는 것을 이해할 능력이 있을까?

튜링의 실험 배치

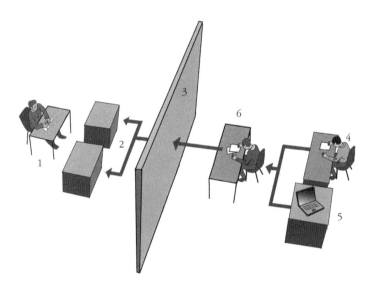

1. 인간 질문자
2. 답변을 보여 주는 모니터
3. 칸막이
4. 인간 답변자
5. 컴퓨터
6. 인간과 컴퓨터의 반응을 전달하는 실험 관리자

20세기 철학과 과학

과학의 대부분은 물리적 세상을 과학적으로 설명하기 위한 이론으로서 철학의 한 분과로 발전한 것이다. 그러나 형이상학을 대체한 계몽주의의 과학적 발전으로 순수 과학의 발전이 가속화되었고 19세기 말 심리학과 신경 과학이 마음에 관한 철학을 대체했다. 20세기에 앨버트 아인슈타인의 이론이 물리적 우주에 대한 종합적인 설명을 제공해 주었지만 새로운 물리에 관한 많은 발견이 그만큼 더 많은 의구심을 가져다주었고 이는 과학만으로는 설명할 수 없는 문제다. 과학이 철학의 여러 측면을 대체하면서 일부 철학자들은 과학 자체로 눈길을 돌렸다. 칼 포퍼는 과학적 방법의 토대가 되는 귀납의 문제에 실질적인 해답을 내놓았고〔p.226〕폴 파이어아벤트는 과학이 점진적인 과정을 거친 것이 아니라 급작스런 도약을 통해 진보했다는 토마스 쿤의 사상을 토대로 하나의 타당한 과학적 방법이라는 개념이 가능한지 의문을 제기했다.

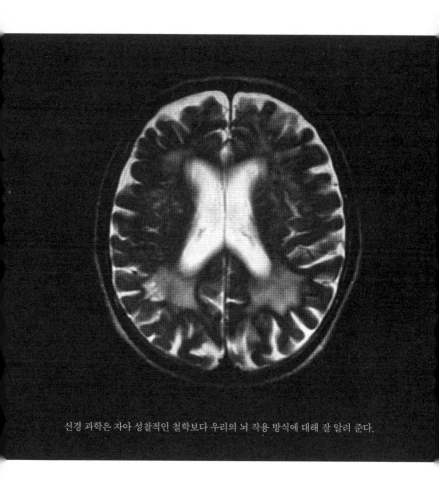

신경 과학은 자아 성찰적인 철학보다 우리의 뇌 작용 방식에 대해 잘 알려 준다.

형이상학적 질문에 대한 과학적 대답

아이슈타인이 20세기 초 상대성이론을 세웠을 때 그는 우주에 대한 완전히 새로운 이해 방식을 이끌었다. 기존 뉴턴의 관점을 완전히 뒤집고 새로운 물리적 법칙에 따른 세계를 완벽하게 설명했다. 처음으로 시간과 공간 자체가 과학적으로 설명되었으며 우주의 본질은 에너지의 관점에서 정의되었다. 그래서 철학의 초기부터 제기되어 왔던 형이상학적인 물음 상당수가 마침내 답을 얻은 듯 보였다. 그러나 아인슈타인도 인정하겠지만 새로운 물리학이 완전한 대답이 될 수 없으며 뉴턴의 과학적 공헌을 무효화할 수도 없다. 이는 '옳거나' '진실'의 문제가 아니고 뉴턴보다 좀 더 정확한 설명일 뿐이며 당대 실용주의자의 관점에서 본다면 뉴턴의 설명이 타당했다. 뉴턴의 물리학이 과학의 역사에서 한 획을 그었듯이 아인슈타인의 이론 역시 더 나은 무언가로 대체될 날이 올 것이다.

E=mc2

아인슈타인의 유명한 등식은 에너지(E)가
질량(m)과 광속(c)의 제곱과 동일하다는 점을 알려 준다.

새로운 철학적 질문

아인슈타인의 이론이 많은 형이상학적 추측에 종지부를 찍었지만 그가 개척한 물리학 역시 새로운 질문을 낳았다. 그리고 기존의 철학 이론이 틀렸음을 입증하기보다는 이들을 확인하거나 적어도 보완했다. 예를 들어, 에너지를 정의한 것은 쇼펜하우어의 관념론이나 힌두교와 불교 철학과 단순히 유사한 것 이상으로 보인다. 한편, 양자역학의 개념 상당수는 물리학자들도 이해하기 어렵고 불가사의에 가깝기도 하다. 하이젠베르그의 불확정성 원리와 '관찰자 효과'(미시 양자 체계의 특성을 '바꾸기' 위한 관찰의 필요성)는 상식으로 설명할 수 있는 듯 보이지만 버클리의 철학과 부정할 수 없는 유사성을 보인다. 한편, 우주의 기원에 대한 빅뱅 이론 또한 현실과 인과관계의 본질에 관한 철학적인 논쟁에 다시 불을 붙였고 하나 이상의 우주가 존재할 가능성은 철학적 사고에 더 많은 자양분이 되어 주었다.

유명한 '슈뢰딩거의 고양이' 실험이 지닌 과학적 중요성을 차치하고서, 죽었으면서
동시에 살아 있는 고양이를 철학적으로 어떻게 설명할 수 있을까?

반증 가능성

　과학적 이론을 세우기 위해 사용하는 방법은 개별
상황에서 일반적인 규칙을 도출하는 귀납법을 토대로 한다.
흄이 귀납법이 논리적으로 어떤 것도 확실하게 보여 주지
못한다고 지적한(p.226) 이후에도 과학자들은 계속해서
이 방식으로 관찰과 실험을 이어 나갔고 놀라운 성과를
거두었다. 귀납의 문제는 1930년대까지 철학자들 사이에서
의견이 분분하다가 칼 포퍼가 과학적 방법론을 보는 다른
시각을 제안했다. 그는 한 논제를 긍정하는 수많은 사례가
과학 이론을 독자적으로 입증해 줄 수 없지만 하나의
부정적인 사례가 그것이 참이 아니라는 점을 결정적으로
보여 줄 수 있다고 주장했다. 그러면서 다음과 같은 가설을
예로 들었다. '백조는 모두 흰색이다.'

　이는 아무리 많은 수의 흰 백조를 관찰한다고 해서 참으로
인정될 수 없지만 단 한 마리의 흑조만 발견해도 거짓 혹은
'가짜'라는 것을 알 수 있다는 것이다. 과학 이론의 진정한
척도는 귀납법으로 도출된 것이 아니라 관찰이나 실험을
통해 거짓임이 입증될 수 있어야 한다.

패러다임의 변화

과학철학은 20세기에 칼 포퍼의 획기적인 연구 이후로 자체적으로 중요한 분과로 성장했다. 과학적 방법론을 토대로 하는 철학과 논리를 살피면서 철학자들은 과학의 진전에 집중하게 되었다. 과학의 발전은 지속적인 진화의 일부로 보였다. 1962년 토마스 쿤은 패러다임의 변화라는 관점을 도입했다. 그는 과학의 역사를 분석하면서 '일반' 과학의 시대에 '위기'의 시대가 개입했다고 주장했다. 일반 과학 시기에 과학자들은 정해진 체계 혹은 패러다임 안에서 연구하고 그 속에서 발견되는 이상한 부분은 간과되거나 배제한다. 그러나 이들이 중요한 요소가 되면서 위기를 일깨우고 새로운 이론에서 고려해야 할 요소가 되면서 새로운 패러다임으로 변화가 찾아온다는 것이다. 일반 과학은 이제 다음 위기가 찾아오기 전까지 새로운 체계 아래서 기능한다. 이런 패러다임 변화의 역사적인 사례로는 코페르니쿠스, 뉴턴, 아인슈타인의 획기적인 이론을 들 수 있다.

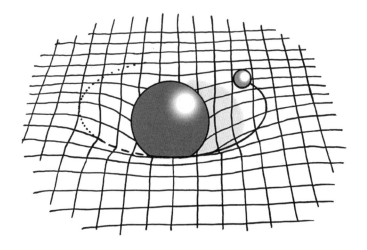

뉴턴이 생각한 중력의 법칙은 200년이 넘도록 과학의 토대가 되었지만
아인슈타인이 상대성 이론을 제시하면서 뒤집어졌고, 상대성 이론이 현대 과학에서
보편적으로 인정받고 있다.

방법에 반대하다

쿤이 일련의 연대기적 진화로 과학의 발전사를 묘사했다면 친구 폴 파이어아벤트는 그것을 계기로 무정부주의적인 관점으로 전향했다. 파이어아벤트는 1975년에 패러다임의 변화가 찾아오면 모든 인정된 개념들이 영향을 받으므로 과학적 진리를 수립할 영구적인 체계는 존재하지 않는다고 주장했다. 새로운 접근법과 방식이 채택되고 과학자들의 동의를 얻지만 이것들은 과거에는 타당한 것으로 여겨지지 않았다. 그러므로 과학적 진보는 엄격한 규칙을 따라 얻어지는 것이 아니라 그 반대로 규칙이 깨어졌을 때 발전할 수 있는 것이다. 파이어아벤트는 포퍼가 정의한 과학적 방식이 옳고 그른지 판단하는 행위를 거부하고 보편적인 방법론적 규칙은 존재하지 않으며 그런 규칙을 찾으려는 시도가 과학의 발전을 저해한다고 주장했다. 특히 그는 주지된 사실이라는 일관성의 척도를 비난했으며 같은 분야에서 기존의 이론에 순응하는 새로운 주요 이론은 탄생하지 않는다고 지적했다. 과학이 지속적으로 발전하려면 기존 이론의 방법론을 무시하는 편이 더 낫다는 것이 그의 논지다.

BALANCE

New Edition
AGAINST METHOD
Paul Feyerabend
Introduced by Ian Hacking

20세기 정치철학

20세기는 세계 정치 구성이 전례 없이 변화한 시대다. 일부 오래된 유럽 식민지 왕국이 축소되면서 세계의 약 3분의 1이 마르크스주의에게 영감을 받은 체제를 받아들였다. 20세기 중반 독재적인 파시즘과 나치즘이 제2차 세계대전을 촉발했고 이어지는 냉전 시대에 동쪽의 공산주의와 서쪽의 자본주의가 대립했다. 이런 변화에 대해 정치철학은 다양한 방식으로 반응했고 새로운 모델이 나타나 붕괴된 체계를 대체했다. 공산 체제의 가혹한 현실은 1930년대에 들어 마르크스의 이론을 다시 평가하도록 만들었고 1990년대에 소비에트연방이 붕괴되면서 다시금 문제로 대두되었다. 미국에서 철학자들은 민주주의, 정의, 정부의 역할에 대한 사상에 집중했으며 이는 식민지 통치로부터 자유를 획득하고자 하는 많은 국가들에게도 중요하게 생각되었다. 상대적으로 평화로운 시기가 지나고 1945년 인종과 성별을 포함한 시민권의 문제가 대두되었고 환경 문제 역시 현대 정치철학을 형성하는 데 중요한 역할을 담당했다.

20세기 정치철학을 형성하는 데 큰 영향을 미친 냉전이 시작된 후, 베를린에서 미국과 소련의 탱크가 서로 대치하고 있는 모습.

프랑크푸르트 학파

공산당 선언 이후 거의 70년 만에 마르크스의 사회주의 국가 이론이 소련을 통해 현실화되었다. 마르크스주의 정치철학은 전 세계적으로 추종자들을 얻었고 다른 국가들도 이내 그 대열에 동참했다. 그러나 특히 유럽의 일부 마르크스주의 철학자들은 공산주의가 마르크스주의의 핵심 가치를 잃기 시작했다고 느꼈고 스탈린 통치하의 소비에트 체제 옹호자들의 모습이 자본수의와 다를 바 없다고 비난했다.

프랑크푸르트 대학교 사회 연구소를 기반으로 한 사상가 집단이 사회학, 심리학, 실존주의 철학에서 비롯된 사상으로 새로운 형태의 마르크스주의 이론을 정립했다. 프랑크푸르트 학파(이들을 아우르기 쉽게 부르는 명칭)의 주요 인물로는 철학자인 막스 호르크하이머, 발터 베냐민, 헤르베르트 마르쿠제, 테오도어 아도르노가 있으며 이 사상을 더욱 발전시킨 인물로는 위르겐 하버마스와 죄르지 루카치가 있다.

프랑크푸르트 학파의 핵심 인물로 호르크하이머와 아도르노가 있다(각각 왼쪽과 오른쪽).

비판 이론

프랑크푸르트 학파에서 출현한 신마르크스주의 철학은
당시에는 상당히 획기적인 것처럼 보였지만 그 근간은
19세기 독일 철학 사상에 기반한다. 핵심은 '비판 이론'(문학
비평과 혼돈하지 않도록 유의)으로 궁극적으로는 기존의 사상을
비판하는 칸트의 이론에서 비롯되었다. 그러나 중요한 점은
비판 이론이 헤겔의 변증법(p.276)과 철학의 목적은 세상을
정의하거나 설명하는 데 있지 않고 변혁시키는 데 있다는
마르크스의 충고를 연상시키는 데 있다. 프랑크푸르트
학파의 철학자들은 이데올로기에 도전하고자 했고 특히
20세기에 발전한 자본주의와 공산주의 같은 현 상태를
영속하고자 하는 세계관을 주로 살폈다. 사회학과 심리학,
철학 이론을 활용해 현재의 체계를 왕성하게 비판함으로서
사회와 정치 체계를 분석하고 이는 곧 더 나은 사회로
변하게 해 주는 해결책을 제공할 것이다.

실용주의와 민주주의

존 듀이에게 철학과 정치학은 불가분의 관계에 있다. 그는 자신의 실용주의(p.324)를 민주주의의 토대가 되는 철학으로 여겼다. 그는 아주 오랫동안 사상가들이 '인간의 문제'를 고심해야 할 때 형이상학과 인식론에서 다루는 추상적인 개념과 같은 '철학자들의 문제'에만 집중했다고 믿었다. 정치철학이 경험과 분리되는 한 사람들은 더 이상 그들의 삶을 통제하는 기관에 영향을 미치지 못하게 된다. 실용주의는 유용한 지식에 초점을 두고 이 점을 극복하며, 듀이는 정치 체계로서 민주주의를 요구하는 왕성한 지식을 얻는 것을 강조했다. 그는 민주주의 사회가 사회계약으로 형성되는 것이 아니라 개별 시민의 유기적인 집합으로 이루어지며 개인이 자유롭게 자라고 진화할 때만 같이 성장할 수 있다고 주장했다. 따라서 민주주의의 목적은 이런 환경을 만들어 주는 것이고 철학의 기능은 주로 교육을 통해 개인이 이 점을 자각해서 '도덕적인 사회 공동체'를 수립하는 것이다.

공정으로서의 정의

　고대 그리스 철학자들의 시대에 소크라테스가 논의한
주요 문제는 정의에 관한 명확한 개념을 정립하는 것이었다.
1970년대의 철학자들은 미국의 자본주의적 민주주의 속에서
이 문제를 다시금 거론하고자 했다. 그들 중에서 존 롤스는
자유주의 사례를 '공정으로서의 정의'로 포괄했다. 롤스는
'무지의 베일'로 알려진 사고실험을 통해 참가자들이 '원초적
입장'에서 가상 사회를 만들어 그들이 살 사회 속 권리, 지원,
지위를 분배할 경우 무슨 일이 벌어지는지를 살폈다. 이때
무지의 베일은 참여자들에게 자신의 능력, 지능, 사회적 입장
혹은 부에 대해 전혀 알지 못하게 만들어 새로운 사회 속
자신의 위치를 생각하는 데 그들의 판단은 영향을 미치지
않는다. 참가자들은 자신의 지위와 상관없이 사회의 모든
구성원들에게 이익이 돌아갈 수 있도록 하는 관점에서
새로운 사회를 구상할 수밖에 없을 것이며 정의는 공정한
배분을 통해 획득된다는 게 롤스의 주장이다.

소유권으로서의 정의

롤스의 공정으로서의 정의에 대해 자유주의적 해석으로 반응한 로버트 노직은 자유주의적 관점에 더 적당한 대안적인 정의를 내놓았다. 노직에게 정의는 소유권의 문제다. 프리드리히 하이에크의 경제 이론과 로크의 정치철학에서 영향을 받은 그의 소유권 이론은 크게 세 가지 원칙으로 이루어진다. 획득한 정의(개인이 어떻게 처음으로 자산을 확보하는가), 이전한 정의(개인이 어떻게 타인의 동의를 얻어 거래나 선물로 자산을 확보하는가), 부당함의 수정(부당하게 획득하거나 이전된 자산을 어떻게 다룰 것인가)이 그것이다. 모두가 자신이 소유한 재산에 대해 소유권을 가질 때 자산이 공정하게 분배됐다 할 수 있다. 획득한 정의 혹은 이전한 정의의 원칙에 따라 자산을 얻은 사람은 소유권이 있지만 다른 방식으로는 자산을 얻을 수 없고 도둑질이나 사기로 인한 사례를 다루기 위해 수정이 존재한다. 국가가 개입하면 소유권 보호에 제한이 생기는데 이를 테면 세금을 내지 않고 동의 없이 양도하는 행위 등은 옳지 못하다.

정치권력 분석

상당수의 정치철학이 이상적인 국가 이론과 통치에 관한 내용을 다루지만 현존하는 정치 체계에 대한 비판적인 시각도 유지하고 있다. 촘스키는 초창기부터 좌파와 무정부주의 정치에 끌렸고 언어학으로 이름을 알린 뒤(p.356) 정치철학으로 눈을 돌렸다. 도덕철학자로서 그는 스스로에게 적용하는 도덕의 기준을 타인에게 활용하듯이 정치에서도 마찬가지로 모든 국가들, 특히 자국의 도덕성을 살펴야 한다고 주장했다. 우리는 자국을 타국에 비해 더 윤리적이라고 생각하는 경향이 있는데 행동을 살피는 것이 아니라 그 이념을 살피고 실천의 여부에 의구심을 가지지 않고 쉽게 받아들이기 때문이다. 그러나 어느 국가에서든 정부의 정치적 주장과 행동 사이에 불일치가 발생하며 우리가 사는 국가도 마찬가지이므로 자국 정부 전문가들의 정치권력을 객관적으로 평가할 수 있어야 한다.

좌파의 실패

프랑크푸르트 학파의 좌파 정치철학자들에게 끊임없이
지속되는 문제는 마르크스가 붕괴를 피할 수 없다고 했던
자본주의의 지속적인 성공에 있다. 동구권의 소비에트
사회주의 실패 이후 일부 국가는 마르크스 사회주의 혹은
공산주의 형태를 계속 유지했고 중국은 혼합경제 양상을
보이는 자체적인 정권을 발전시켰다. 마르크스주의
사상가들은 이와 반대로 스스로 무력하다고 느꼈다.
슬라보이 지제크가 쉬운 돌파구를 보여 주었는데 그 덕분에
마르크스주의 사상가들이 저항의 입장을 받아들였으나 다른
한편으로 실행할 책임이 없는 이상적인 국가를 이론화하며
사회에 대한 해석보다는 변화를 추구하라는 마르크스의
말은 무시하게 되었다. 지제크는 자본주의 전복을 포기하고
실현하기 힘든 사회에 대한 이야기만을 한 것이 좌파의
진정한 실패라고 말한다. 지제크는 그보다는 실제로 발생한
혁명적인 사회주의를 다시 평가하고 팽창하는 자본주의의
실패를 이용해야 한다고 주장했다.

환경 결정론

산업화된 사회에서 환경에 대한 걱정은 19세기까지 철학에서 그리 큰 비중을 차지하지 못했다. 자연에 매료된 낭만주의자와 미국의 초월주의자 들이 자연과 조화를 이루며 사는 삶을 이상향으로 꼽은 것이 산업화에 대한 일부 반발로 보이지만 자연의 세상에서 인간은 그 일부에 지나지 않는다는 생각은 쇼펜하우어의 철학(p.270)에서도 드러났다. 철학자들은 과학에서 비롯된 생태학이라는 새로운 사상을 받아들였다. 아르네 네스는 단지 인간의 이익을 위해 존재하는 것이 아닌 세상을 보호할 장기간의 권리가 우리에게 있다고 주장했다. 자원의 무분별한 사용은 미래의 고갈을 불러오고 환경오염을 일으켜 우리를 포함한 모든 생명을 위험에 빠트린다. 네스는 생물권과 우리의 관계를 인식하고 '산처럼 생각해야 한다'고 주장했는데 이는 곧 자연 세계가 위험에 빠지지 않도록 예방하면서도 한층 더 의미 있는 삶을 살아야 한다는 것이다. 그의 사상은 기후변화가 더 이상 간과할 수 없는 수준으로 커져 가는 것을 보고 발생한 녹색 운동에 영향을 미쳤다.

인종과 철학

　미국의 정치철학이 민주주의로 점유되었지만 아프리카계
미국인들은 독립전쟁과 노예제 폐지 이후에도 하위 시민
계급으로 남아 있었다. 시민권을 얻고자 하는 투쟁은 1909년
미국흑인지위향상협회NAACP의 설립자인 W.E.B. 두 보이스에
의해 시작되었고 인종 차별을 정치철학의 중요한 문제로
부각시킨 1960년대 마틴 루서 킹의 정치 캠페인을 통해
정점에 달했다. 흑인 미국 사상가들 역시 독립을 위해 싸우는
아프리가 국가들에 힘을 실어 주었다. 마르티니크에서 출생한
정신과 의사 프란츠 파농은 최초의 식민지 이후 아프리카
철학자로 국가가 자체의 정체성을 수립해야 한다는 점을
강조했다. 많은 신생 독립 국가들이 서양의 민주주의를
본보기로 삼았고 일부는 마르크스주의에서 영감을 받은
사회주의 공화국을 선택했지만 그 기저에는 모두 유럽의
통치로부터 벗어나려는 자유의 감각이 담겨 있었다. 후에
전통 사상과 두드러지게 결합하는 아프리카 철학 운동이
일어났고 빈곤과 박탈, 인종과 억압에 대한 문제에 집중했다.

시민 불복종

개인이 종종 정부의 정치에 반대한다는 점은 말하지
않아도 알 것이다. 특히나 정부가 독재적이거나 권력으로
식민지에서 착취를 행한다면 더욱 그렇다. 하지만 개인이
국가의 행위가 도덕적으로 잘못되었다고 생각한다면
어떨까? 초월주의자인 헨리 소로(p.322)는 법이 시민의
자유를 보호하기보다는 억압하며 시민은 양심적인 거절을
통해 법에 저항할 권리가 있다고 보았다. 그는 비협력을
통한 평화로운 지항을 옹호했는데, 소로는 멕시코의 노예
거래와 전쟁에 지원하는 세금을 내지 않았다. 우리의 도덕적
신념에 위배되는 정부의 정책과 법을 소극적으로 허용하는
것은 이를 타당하게 만드는 일이기에 여기에 저항하는 일은
권리이자 의무인 셈이다. 양심에 바탕을 두고 비폭력적인
방식을 활용하는 소로의 시민 불복종의 도덕적 정당함은
인도의 독립을 위해 투쟁하는 간디에게 성공적으로
전해졌으며 미국에서 시민권 투쟁에 앞장섰던 마틴 루서
킹에게도 영향을 주었다.

성과 철학

1950년대와 1960년대 페미니즘의 '제2의 물결'은 여성성이 사회에 의해 여성에게 부과된다는 시몬 드 보부아르의 주장(p.312)에서 영감을 얻었다. 정치적으로 여성 해방 운동이 일어나면서 페미니스트 철학자들 사이에 수많은 토론이 이루어졌고 이는 1990년대부터 '제3의 물결'로 이어졌다. 대륙 철학의 전통에서 후기구조주의와 해체주의가 철학을 포함해 남성 지배적인 문화의 정체를 파악하기 위해 여성에 대한, 그리고 여성에 의한 담론을 분석하는 데 활용되었고, 이것은 사회가 여성을 바라보는 관점과 여성이 여성 자신을 바라보는 관점을 형성했다. 그럼에도 젠더라는 관념이 순전히 사회적 구성물인 것인지, 아니면 순수하게 육체적인 것을 넘어서는 성차gender가 본질적으로 존재하는 것인지는 여전히 논쟁 중이다. 젠더 연구는 독자적인 연구로 발전하면서 성차를 고정하는 데 섹슈얼리티가 수행하는 역할을 살피게 됐다. 다양한 성 정체성sexuality에 대한 점진적 수용은 이 논쟁을 더 복잡하게 만들었는데, 이러한 정체성들이 전통적인 젠더 정의에 들어맞지 않았기 때문이다.

응용 철학

세상에 관하여 과학적으로 더 성공적이고 종합적인
정의가 내려진 가운데 형이상학과 인식론은 점진적으로
철학자들의 관심에서 벗어났다. 20세기 후반 철학은
도덕철학과 윤리, 그리고 특히 정치철학으로 비중을 옮겼다.
또 다른 변화로는 철학이 사회적인 역할을 담당한 데서
찾을 수 있다. 역사 속에서 서양철학은 지식인들의 범주로
근대에서도 '상아탑'의 분과 학문으로 여겨졌다. 그러나
오늘날 특히 도덕철학의 적실성이 주목을 받고 있다. 철학은
정치와 법뿐만 아니라 상업, 경제, 과학, 의학 및 이들 영역의
의사 결정 윤리에도 적용되었다. 논리 역시 삶의 여러
측면에서 논쟁의 타당성을 분석하는 도구로 활용되었다.
오늘날 철학자들은 대학을 비롯해 정부 부처, 보건부, 기업
등에서 일한다.

도덕철학의 질문과 옳고 그름에 대한 판단은 법정에서 일어나는 일들을 근본적으로 결정한다.

정치학, 경제학, 그리고 기업 윤리

정치철학은 도덕철학을 우리가 살고 있는 사회 속 실용적인 질문으로 적용해 보는 것과 같다. 경제학은 자원 관리에 대한 과학적인 연구가 진행되기 이전에 철학에서 출현했다. 두 가지 모두 부의 분배, 공공재와 사유재산, 권리와 자유를 보호하는 법과 같은 문제를 다루지만 최근 들어 철학은 상업과 재정 분야에서 의사 결정 윤리를 다루는 부분으로 많이 활용된다. 예를 들어 주주, 고객, 직원에게 기입이 가지는 책임은 무엇일까? 은행과 같은 기관은 이윤을 추구해야 할까, 사회에 서비스를 제공해야 할까? 착취에 대한 문제 역시 대두되었다. 개발도상국의 값비싼 노동력이 고객에게 가격 경쟁력을 가져다주지만, 도덕적으로는 문제가 있고 본국의 실업률을 높일 수 있다. 담배를 비롯해 정크 푸드를 만드는 업체는 고객들을 착취한다는 비난을 받을 수 있고 자연 자원의 부당한 이용은 환경 윤리에 대한 문제를 불러일으킨다.

과학과 의학 윤리

 과학과 의학의 발달은 일반적으로 사회에 큰 도움이
된다고 여겨지나 일부는 완전히 새로운 윤리적 문제를
불러일으키기도 한다. 예를 들어, 의학에서 새로운 발견은
삶을 양과 질적으로 개선하기에 도덕적으로 좋다. 그러나
동물 실험, 인간 배아 연구, 상업적인 마약 판매 등과 같은
문제들도 야기한다. 낙태나 안락사와 같은 곤란한 문제들
또한 분명함과는 거리가 먼 윤리적인 딜레마를 양산한다.
과학적인 연구가 결정에 관여하는 모든 부분에서 도덕적인
측면도 살펴야 한다. 유전자 조작 식물, 유전자 복제, 에너지
생산과 무기 연구 등은 모두 윤리적인 검토가 필요하다.
또한 우주 탐험이나 입자 가속화와 같은 프로젝트에
들어가는 수십 조의 돈에 대한 의구심도 단순히 경제적인
관점에서 판단하기는 어려운 문제이다. 과연 세계 인구
상당수가 극심한 빈곤에 빠져 사는 현실에서 이러한
프로젝트가 도덕적으로 정의로운 일일까?

철학과 교육

역사를 통틀어 특히 도덕과 정치 철학 분야에서 철학자들은 종종 교육의 중요성을 인식했다. 지식과 그 획득 과정을 연구하는 인식론 역시 교육 기법의 발달에 영향을 미쳤고 가장 영향력이 큰 교육 이론가인 장 피아제와 존 듀이는 철학적인 관점에서 주제에 접근했다.

교육철학은 교수법과 학습법을 비롯해 교육의 목적과 가르칠 주제에 대해서도 생각한다. 플라톤 이후의 철학자들에게 교육은 도덕적 가치를 세우는 수단이며, 학생들에게 살아갈 사회와 인생의 지침을 알려 준다. 이것은 꽤 최근까지 교육의 주요 목표였다. 현대 사회에서는 학교와 대학이 도덕적인 교육을 제공하는 곳일까, 아니면 학생들이 사회의 생산적인 구성원이 될 수 있도록 직업적인 기술을 가르치는 곳일까?

과학 대 종교

고대 그리스 이후로 서양철학은 기존에 종교가 설명한 것들을 이성적으로 정의하고자 노력했다. 그러나 기독교가 발전하면서 철학이 교회의 교리에 도전하게 되었고 신념의 문제와 이성적 추론 사이에 불편한 관계가 형성되었다. 우리가 현재 과학이라고 부르는 '자연철학'이 종교에 엄청난 위협이 되었고 르네상스 이후로 우주에 대한 과학적인 설명에 신뢰가 더욱 높아졌다. 20세기에 들어 철학자들은 점진적으로 신이 존재한다는 증거가 없다는 사실을 받아들였고 이는 무신론이 용인되는 출발점이 되었다. 서구 사회는 최근에 들어 한층 세속화되었지만 그럼에도 불구하고 세계 인구의 4분의 3이 여전히 종교를 믿는다고 대답하며 천지 창조론자와 같은 일부 근본주의자들은 하느님의 계시를 따라 과학적 증거를 거부하기도 한다. 과학은 현대 사회에서 꼭 필요하지만 종교 역시 그만큼 중요성을 지니고 있는 듯하다.

철학의 미래

　과학과 기술이 점유하다시피 한 세상에서 철학의 위치는 어디일까? 세상에 관한 많은 철학적인 설명이 과학 이론에 밀려났고 형이상학, 인식론, 논리 영역은 거의 그 한계에 다다랐다. 21세기 철학자들은 도덕과 정치적인 의구심에 더 집중하게 되었고 실용주의 경향은 이어지는 듯 보인다. 하지만 철학에는 분명한 해답이 존재하지 않는다. 많은 문제들이 여전히 만족스럽게 해결되지 않았고 우리의 가정 중 일부는 완전히 틀린 것일 수도 있다. 심시어 철학의 위대한 유산인 과학마저도 근본적인 결함을 지니고 있을 수 있다. 철학자들은 여전히 선조들의 사상을 연구하며 자신들의 유산을 세워 가고 있으며 최근 철학이 다시 부흥하면서 새로운 세대의 사상가들을 매혹하는 중이다. 역사가 지침이 될 수 있다면 또 다른 소크라테스, 데카르트, 흄 혹은 칸트가 우리의 생각을 영원히 바꾸어 놓을 혁신적인 사상을 가지고 등장할 것이 자명하다.

/ The future of philosophy

주요 용어

결정론
모든 사건은 기존의 원인에 의해
결정되어 나타난 결과이며 일어날 일은
반드시 일어난다.

경험주의
모든 지식은 경험을 통해 얻어지며
선험적 지식과 같은 것은 존재하지
않는다고 보는 관점.

공리주의
윤리학과 정치철학에서 행동의
도덕성은 다수에게 최대의 행복을
가져다주는 결과에 의해 결정되어야
한다는 관점.

관념론
현실은 궁극적으로 형태가 없으며 마음,
사상, 정신으로 구성되어 있다고 보는
관점. 유물론의 반대 개념.

논리학
이성적 논쟁의 방법, 규칙, 타당성을
살피는 철학의 한 분과.

물자체
사물 그 자체인 현실은 우리의 경험과는
별개다. 칸트의 철학에서 물자체의
세상은 궁극적인 현실 세계로, 인간의
의식으로 경험할 수 있는 세계인 현상
세계와 반대다.

미학
철학의 한 분과로 예술과 미, 예술 작품,
예술가의 가치와 비평의 본질을 다룬다.

반증 가능성
포퍼의 철학에서 경험적 증거로 거짓을
입증할 수 있는 이론.

변증법
헤겔과 마르크스 철학에서 진술, 행동
혹은 상태가 모순을 내포하고 있으면
이것이 반대를 일깨우고 그 둘을 통합한
것이 결과로 나온다는 사상이다.

분석 명제와 종합 명제
다른 사실을 참고하지 않고 분석을 통해
진위 여부를 가릴 수 있는 진술. 종합
명제와 반대되는 개념으로 종합 명제는
관련된 사실을 통해서만 진위를 가릴 수
있다.

분석철학
진술과 논쟁에 논리적인 분석을 토대로
접근하는 철학으로 의미를 분명히
하고 세상에 대한 객관적인 지식을
제공하는지 살핀다.

상대주의
윤리학에서 행동의 도덕성은 맥락에
의해 결정된다고 보는 관점. 예를 들어,
각기 다른 문화와 전통은 옳고 그름에

대한 서로 다른 관점을 지닌다.

선험적인 것과 귀납적인 것
경험에 따른 증거가 없어도 진실로
인정되는 것이 선험이고 경험에
의해서만 알 수 있는 명제가 귀납이다.

세계
철학에서 '세계'(와 가끔 '우주')는
우리가 경험적 현실을 체득할 수 있는
모든 것이 존재하는 곳이다.

실용주의
진리는 타당한 설명을 동반한다는 관점.
다시 말해, 진술은 유용하다고 판단할
수 있을 만큼 정확하게 상황을 묘사할
수 있는 경우에 참으로 여길 수 있다.

실존주의
주관적인 개인의 실존 경험을 토대로 한
철학적 접근 방식으로 삶의 의미를 찾는
데 목적을 둔다.

연역법과 귀납법
일반적 전제에서 특정한 결론을
도출하는 방식. '모든 사람은 죽는다.
소크라테스는 사람이다. 그러므로
소크라테스는 죽는다.' 반대로
귀납법은 특정한 사례에서 일반
명제를 도출한다. '소크라테스, 플라톤,
아리스토텔레스는 철학자다. 그들은
모두 그리스인이다. 그러므로 모든
철학자들은 그리스인이다.' 연역 논쟁의
전제가 참이라면 결론 역시 참이지만
귀납법의 경우 결론이 참일 수도 그렇지
않을 수도 있다.

오류
추론의 오류 혹은 잘못된 결론을
지칭한다.

우연적 진리와 필연적 진리
우연적 진리는 진리로 보이지만 다른
상황에서는 그렇지 않을 수도 있다.
반면에 필연적 진리는 어떤 상황에서든
진리이며 반대되는 경우는 없다.

유물론
현실은 궁극적으로 물리적인 형태가
있으며 물질로 구성된다고 보는 관점.
그래서 유물론은 관념론과 반대되는
개념이다.

윤리학
인생을 어떻게 살고 옳고 그름, 선과 악,
의무와 같은 물음을 포함해 도덕성에
대해 살피는 철학의 한 분과.

이원론
두 가지 다른 요소로 사물이
이루어졌다고 보는 관점. 마음의
철학에서 이원론은 육체와 정신을
구별할 수 있다고 본다.

인본주의
철학의 근본으로 초자연적 세상보다
중요한 것은 인간이라고 생각하는 접근
방식을 토대로 한 이론.

인식론
우리가 아는 지식은 어떻게 얻어졌으며
그 지식이란 무엇인지 탐구하는 철학의
한 분과.

일원론
사물은 하나의 요소로 이루어졌다고
보는 관점.

존재론
존재와 생명의 본질에 대해 탐구하는
철학의 한 분과.

추론
귀납이나 연역과 같은 전제를 통해
결론을 도출하는 사고 과정.

타당성
논리에서 논쟁은 그 전제로부터
결론이 도출되었다면 타당하다. 타당한
논쟁에서 전제가 사실이라면 결론도
참일 것이지만 전제가 거짓일 경우
결론도 거짓일 수 있다.

합리주의
세상에 대한 우리의 지식은 경험이
아니라 이성을 통해 얻어진다고 보는
관점.

형이상학
현실의 본성, 존재와 물질과 같은
개념을 포함한 실존에 대해 살피는
철학의 한 분과.

회의론
무엇에 대해 특정한 지식을 얻기란
불가능하다고 보는 관점

ㄱ

객관 대 주관 232

결과주의 170

결정론 126, 318, 322

경제학 238, 246, 314, 398

경험주의 12, 82, 164,174, 188, 212~258, 260, 344

계몽주의 102, 164, 170, 186, 188, 258, 360

공리주의 170, 212, 250, 252

공산주의 283, 286, 372, 374, 376, 386

공자/유교 24, 106, 110, 112

과학 28, 360~370, 404

과학적 방법 80, 174, 212, 236, 238, 360, 366

과학적 윤리 400

구조주의 304, 316, 318, 334, 354

귀납법 16, 28, 226, 360, 366

그리스철학 8, 12, 18, 26, 30~104, 118

기계 속 유령 194

기계로서의 인간 214, 216

기독교 26, 76, 100, 106, 113, 118~154, 404

기호학 304, 314

ㄴ

나는 생각한다, 그러므로 나는 존재한다 190, 192, 196, 200

낭만주의 운동 182, 208, 268

노자 106, 108, 110

노직, 로버트 382

논리 16, 84, 336~358, 396

논리실증주의 336, 350, 352

니체, 프리드리히 258, 290~294, 298, 304, 308

ㄷ

다윈, 찰스 216, 240, 242, 306

데리다, 자크 304, 316, 318

데모크리토스 52

데카르트, 르네 40, 188, 190~200, 204~218

도교 108

도덕성 76, 144, 266

도덕적 행운 172

도덕철학 18, 60, 232

독일 관념론 258~292

동물권 216

동양철학 24, 26, 106~116

듀이, 존 320, 332, 378, 402

디오게네스 96

ㄹ

라이프니츠, 고트프리트 40, 188, 210, 224

러셀, 버트런드 336, 342~324, 348~350

로티, 리처드 320, 334

로크, 존 178, 180, 184, 186, 218, 220, 222, 228, 382

롤스, 존 380, 382

루소, 장 자크 182, 184, 186, 268

르네상스 50, 118, 128, 130, 146, 154, 164~179, 186

ㅁ

마키아벨리, 니콜로 166~170
모든 것이 유동적이다 38, 44
목적과 수단 170
몸과 마음의 이원론 192, 194, 204, 206, 214
무신론 208, 258, 280
무지의 지 150
무한 후퇴 36, 140
물자체 262, 266, 270
미학 22
민주주의 88, 378
밀, 존 스튜어트 184, 244, 252, 256, 342
밀레토스 학파 30, 34, 42, 50

ㅂ

바르트, 롤랑 314, 316, 318
반증 가능성 366
백과전서파 180, 184
버크, 에드먼드 244, 248
버클리, 조지 220, 228, 364
벌린, 이사야 184, 254
범신론 208, 268
변증법적 유물론 282
베르그송, 앙리 304, 306
베이컨, 프랜시스 164, 168, 174, 212, 228
벤담, 제러미 244, 250, 252
보수주의 248
보부아르, 시몬 드 312, 394
보에티우스 126, 128
보편 문법 356

보편적 의지 272
볼테르 180, 184, 186
분석철학 336, 344~348, 352, 354
불교 116
불멸의 영혼 102
뷔리당의 당나귀 148
비엔나 학파 350, 352
비트겐슈타인, 루트비히 336, 348, 352
비판 이론 376

ㅅ

사르트르, 장 폴 294, 308, 310, 316
사회계약 178, 182, 184, 186, 244
사회주의 286, 386
삼단논법 16, 84, 336
상대주의 56
소로, 헨리 데이비드 320, 322, 392
소쉬르, 페르디낭 드 314
소외 278, 284, 288
소크라테스 17, 30, 58~64, 66, 70, 72, 84, 86, 90, 92, 96, 150, 380, 406
소피스트 56, 58, 60, 66
쇼펜하우어, 아르투어 24, 258, 270, 272, 290, 304, 348, 364, 388
스미스, 애덤 244, 246, 252
스콜라철학 130, 146, 152, 162
스토아 학파/스토아주의 18, 30, 104
스피노자, 베네딕트 데 188, 204, 206~208, 212, 268
시대정신 278, 280
시민 불복종 392
신은 죽었다 290
신의 존재 36, 122, 134, 136, 140, 288, 404
실용주의 320, 324~326, 328, 332, 334, 378

실존주의 294~318
실증주의 236~238
심리학 328~330, 360
싯다르타, 고타마(부처) 106, 116

ㅇ

아낙시만드로스 34, 36
아낙시메네스 34
아리스토텔레스 16, 30, 78~88, 90,
138, 140, 146, 150, 160, 162
아베로에스 122, 156, 160, 162
아비센나 156, 158, 160, 162, 196
아인슈타인, 앨버트 335, 360, 362, 364,
368, 369
아퀴나스, 토마스 36, 118, 122, 130,
134, 138~140, 142, 146
악의 문제 124
안셀무스 134, 140
양자역학 10, 364
언어 352~356
언어학 304, 314, 318, 336, 354
에라스뮈스, 데시데리위스 152
에머슨, 랠프 왈도 320, 322
에피쿠로스/에피쿠로스 학파 18, 30,
96, 100, 102, 124, 256
오컴의 면도날 148
오컴, 윌리엄 146, 148, 228
우주 132, 135, 140, 146, 150, 164,
166, 208, 214, 242, 266, 310, 335, 340,
342, 360, 362, 364, 404
원인 86, 140
원자론 52, 100, 102
유명론 146
유물론 280~282
윤리학 18, 90, 144, 398~400
응용 철학 396~406

이성 120, 164, 174~184, 188, 212, 230
이슬람 26, 156~162
인공지능 216, 358
인과관계 222, 226, 270, 364
인본주의 100, 118, 130, 152, 154, 166,
170, 186, 240
인식론 12, 42, 188, 340, 402
일원론 44, 204, 206

ㅈ

자각 200, 216, 220, 274, 276, 278,
300, 302, 322
자동 장치인 동물 198, 216
자본주의 284, 286, 386
자연법 142
자연선택 240, 242
자연 상태 176, 182, 184, 268
자유 184, 252, 254
자유의지 184, 244, 248, 252, 380
정언명령 252, 264
정의 380~382
정체성 202
정치경제학 246
정치철학 20, 68, 170, 180, 184,
372~394, 398
정치 현실주의 168
제논의 역설 46
존재론 14
존재와 시간 300
존재하는 것은 곧 인지하는 것이다 220
종교 26, 76, 288, 404
종교개혁 154
좌파의 실패 386
중용 90, 92, 116
지적인 설계 242
지제크, 슬라보이 386

진리 210, 224, 326, 346

진정한 믿음 42

ㅊ

창조론 242

초월주의 320, 322

초인 292

촘스키, 놈 356, 384

ㅋ

카뮈, 알베르 294, 302, 304, 310, 314

칸트, 임마누엘 134, 170, 252, 258~266, 270, 272, 274, 288, 298, 348, 376, 406

콩트, 오귀스트 236, 238

쿤, 토머스 360, 368, 370

키니코스 학파 18, 30, 96, 104

키티온의 제논 104

ㅌ

테일러, 해리엇 256

ㅍ

파농, 프란츠 390

파르메니데스 44, 50

파이어아벤트, 폴 360, 370

퍼스, 찰스 샌더스 320, 324, 326, 332

패러다임의 변화 368, 370

페미니즘 312, 394

페인, 토머스 186, 256

포이어바흐, 루트비히 258, 280, 282, 288

포퍼, 칼 226, 369, 366, 368, 370

퐁티, 모리스 메를로 294, 302

푸코, 미셸 304, 316, 318

프랑스혁명 182, 186, 248, 252

프랑크푸르트 학파 374, 376

플라톤 30, 62, 70~82, 86, 88, 90, 94, 96, 98, 102, 118, 120, 122, 130, 132, 138, 142, 146, 150, 156, 158, 160, 162, 188, 256, 290

플라톤의 동굴 74

플라톤의 형상 72, 74, 82, 102, 132, 138

피타고라스 40, 92

피히테, 요한 고틀리프 258, 266, 268

ㅎ

하이데거, 마르틴 294, 300~302, 308

합리주의 12, 164, 188, 210, 212, 218, 234, 236, 258, 260, 268, 356

해체 318

헤겔, 게오르크 258, 274~278, 280, 282, 288, 376

헤겔의 변증법 276, 278, 282, 376

헤라클레이토스 38, 306

현상/현상학 262, 270, 294, 298, 300, 302, 308, 316

현혹하는 악마 196

형이상학 8, 10, 14, 28, 244, 258, 264, 282, 330, 360, 378, 396, 406

황금률 112

회의학파 30, 98

홉스, 토머스 176~180, 182, 184, 186, 212, 214~218

후설, 에드문트 294, 298, 300, 302, 308

훌륭한 삶 18, 64, 68

흄, 데이비드 28, 222~232, 244, 246, 260, 266, 366

흄의 갈림길 224

히포의 아우구스티누스 118, 120, 122, 124, 128, 130, 142

힌두교 114, 272, 364

Picture Credits

옮긴이 **공민희**

부산외국어대학교에서 국어국문학을 전공하고 다양한 통번역 활동을 했다. 영국 노팅엄 트렌트대학교에서 갤러리 및 박물관 경영학 준석사학위 과정을 수료했으며 출판 번역 에이전시 베네트랜스에서 전속 번역가로 활동 중이다. 『서른 외국어를 다시 시작하다』, 『뉴욕 미스터리』, 『드르륵 마리메꼬 만들기』 등 다수의 책을 옮겼다.

| 한장의 지식 | **철학**

1판 1쇄 인쇄 2016년 12월 30일
1판 1쇄 발행 2017년 1월 12일

지은이 마커스 위크스
옮긴이 공민희
펴낸이 김영곤
펴낸곳 아르테

미디어사업본부 이사 신우섭
책임편집 신원제 인문교양팀 장미희 디자인 박대성 교정 장원
영업 권장규 오서영 프로모션 김한성 최성환 김선영 정지은

출판등록 2000년 5월 6일 제406-2003-061호
주소 (10881) 경기도 파주시 회동길 201(문발동)
대표전화 031-955-2100 팩스 031-955-2151 이메일 book21@book21.co.kr

ISBN 978-89-509-6859-5 03100
아르테는 (주)북이십일의 문학 브랜드입니다.

(주)북이십일 경계를 허무는 콘텐츠 리더

아르테 채널에서 도서 정보와 다양한 영상자료, 이벤트를 만나세요!
가수 요조, 김관 기자가 진행하는 팟캐스트 '[북팟21] 이게 뭐라고'
페이스북 facebook.com/21arte 블로그 arte.kro.kr
인스타그램 instagram.com/21_arte 홈페이지 arte.book21.com